STICKER PIXEL ART

VEHICLES

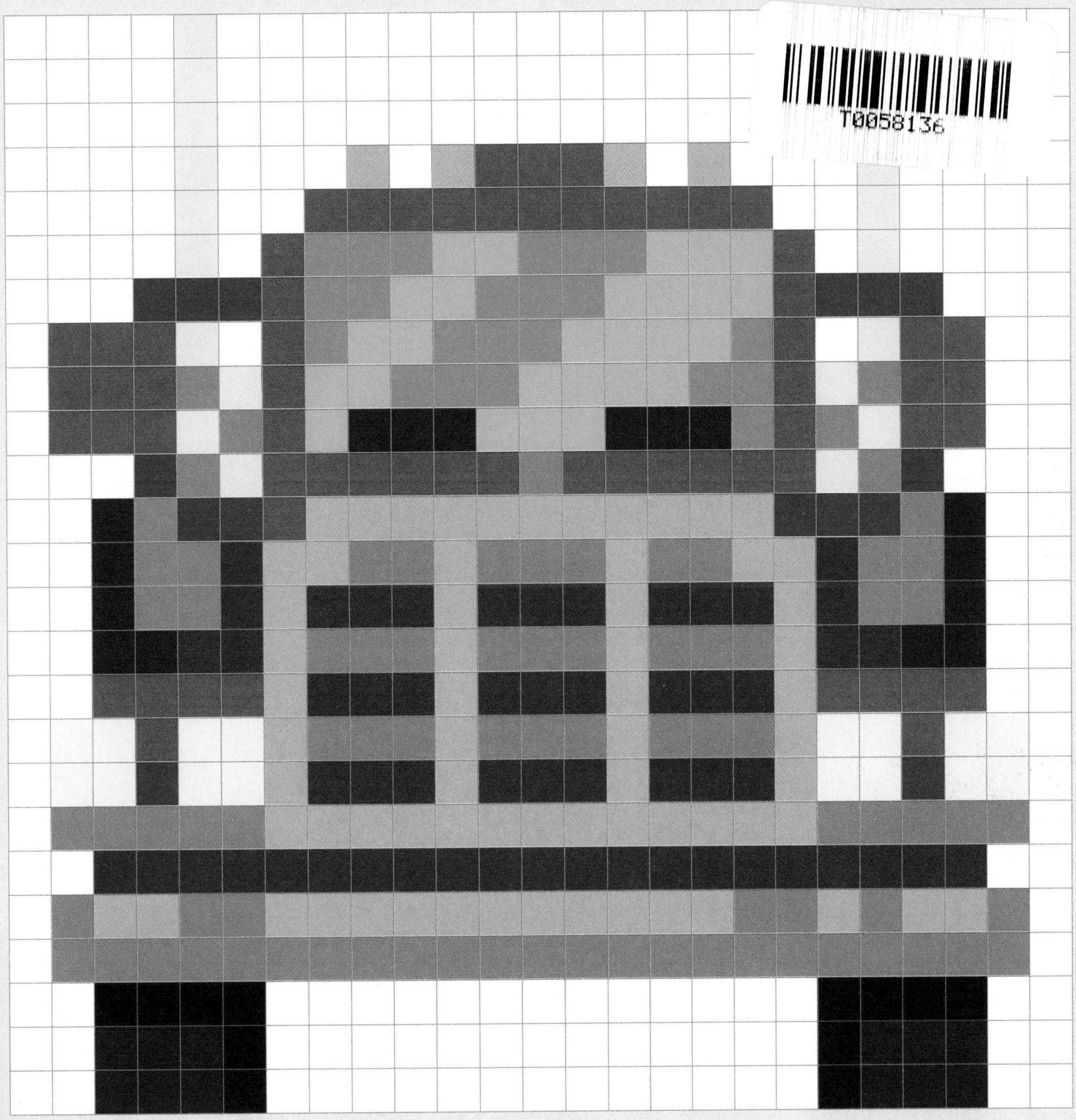

Racehorse Publishing

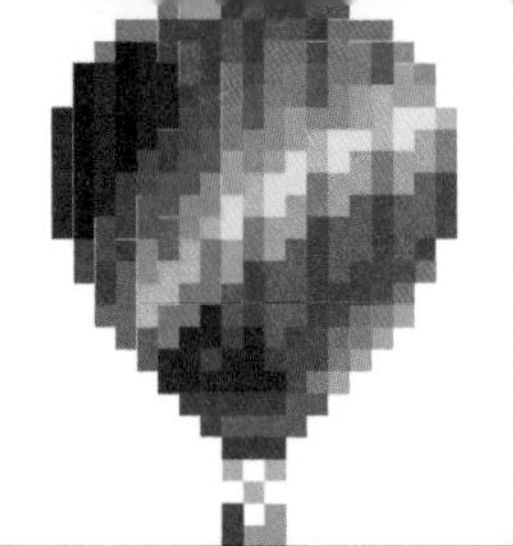

4 Hot air balloon

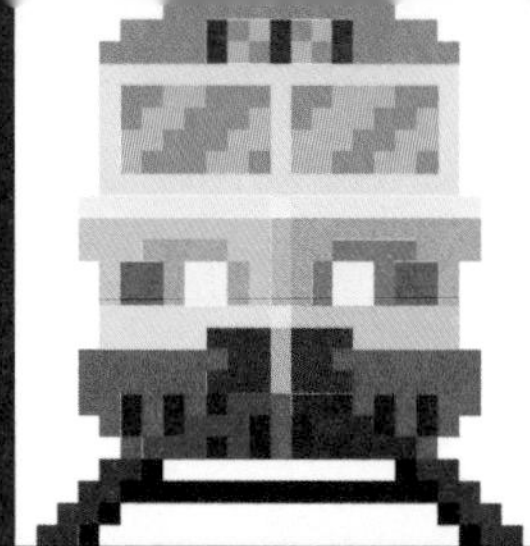

5 Train

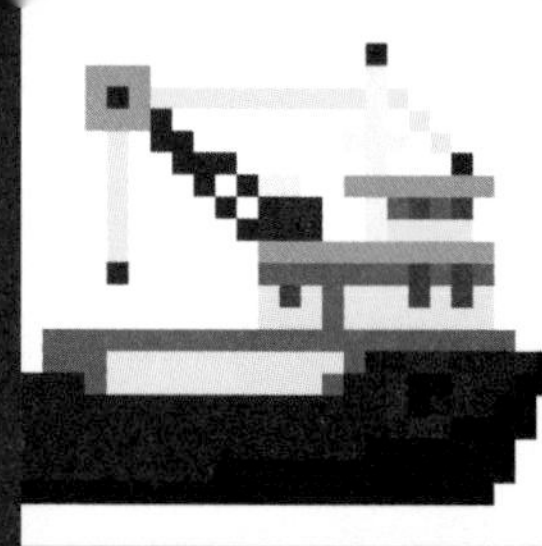

6 Fishing boat

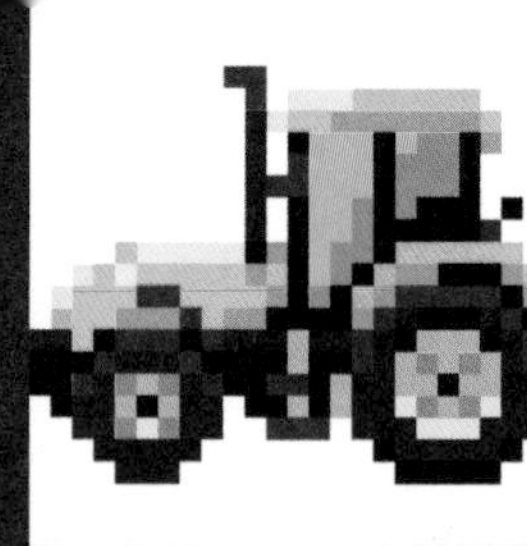

7 Tractor

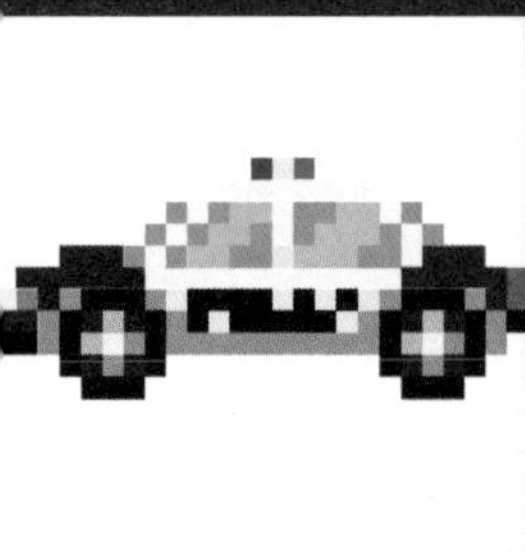

8 Police car

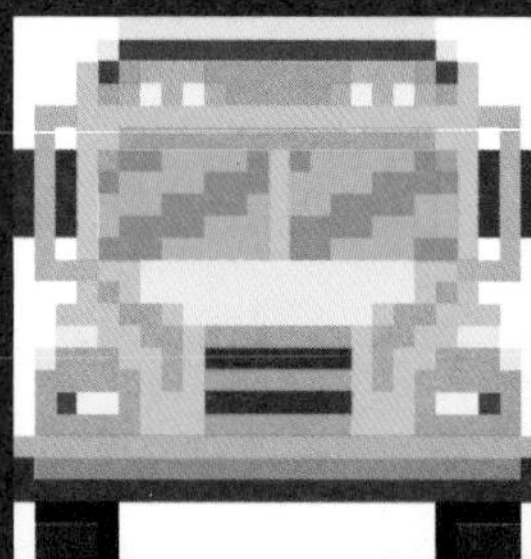

9 School bus

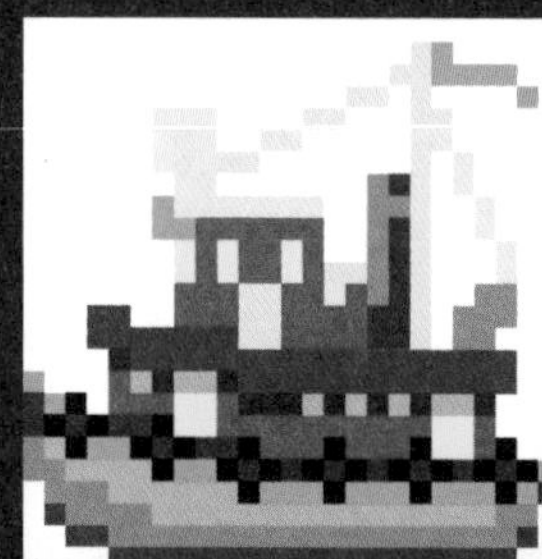

10 Tugboat

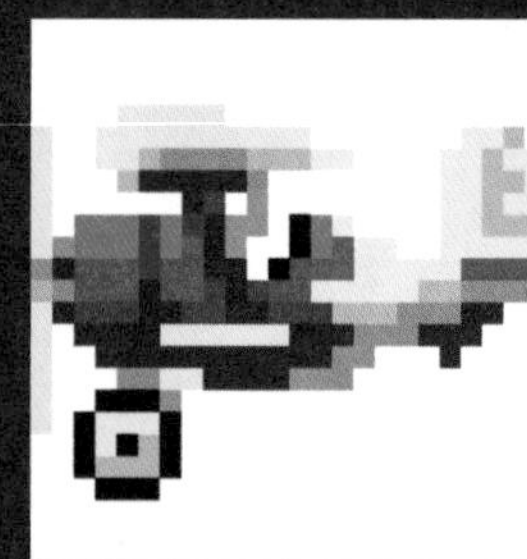

11 Biplane

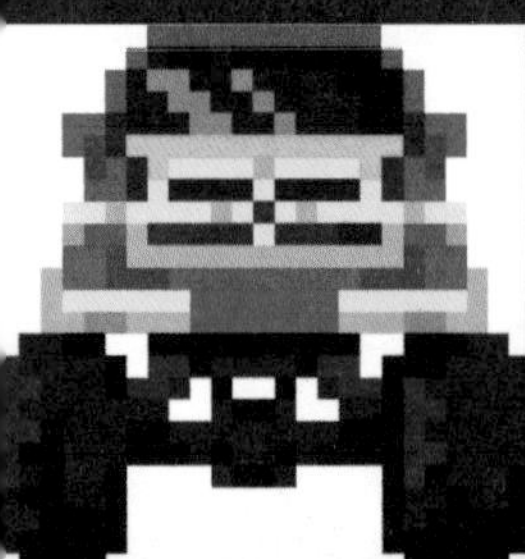

12 Monster truck

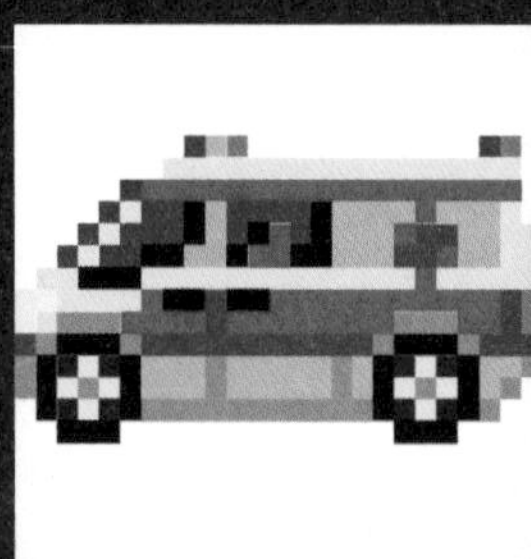

13 Ambulance

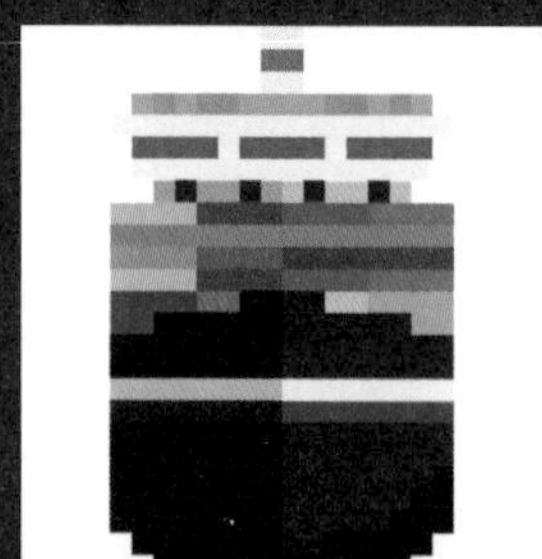

14 Cargo ship

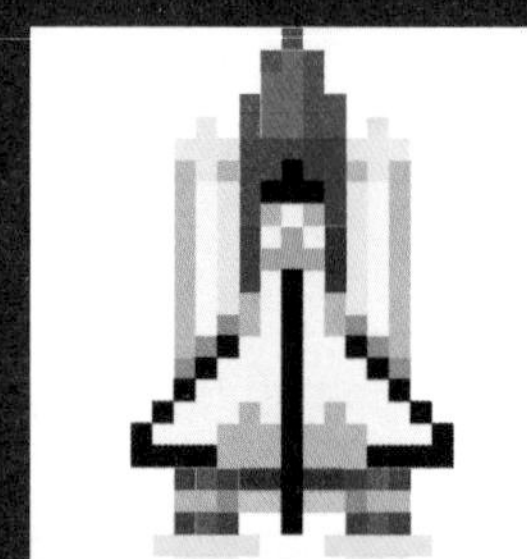

15 Space shuttle

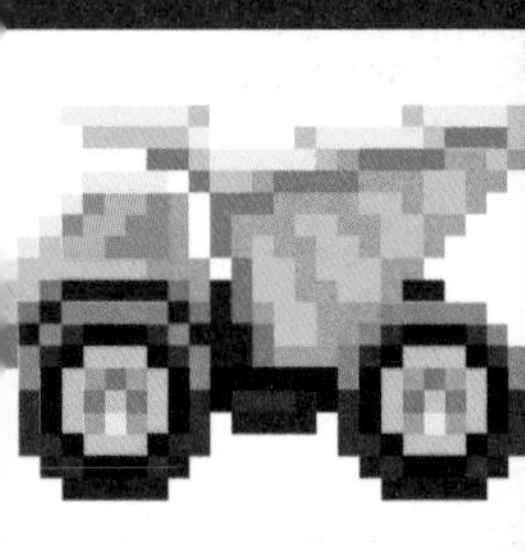

16 Mining truck

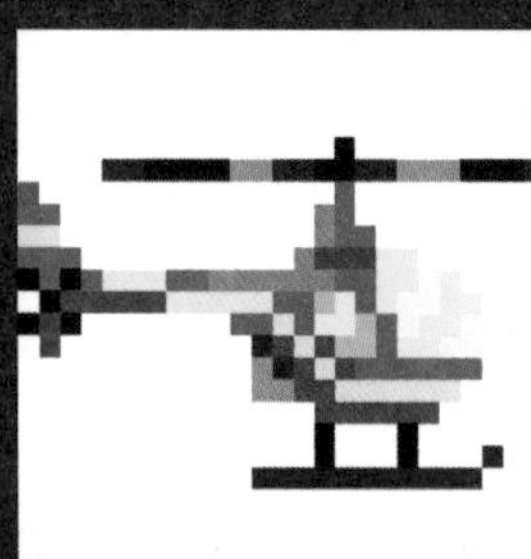

17 Helicopter

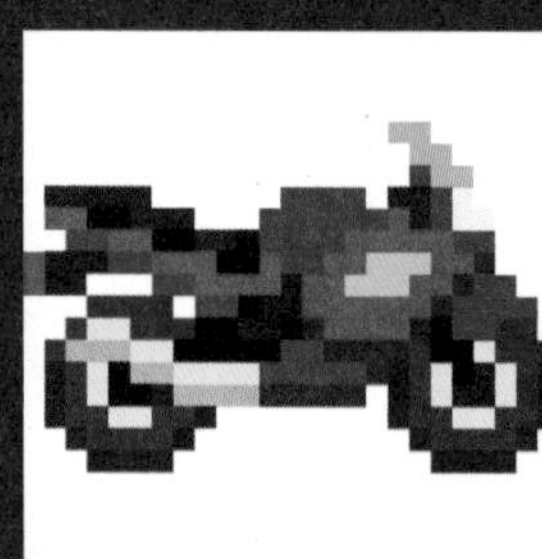

18 Motorbike

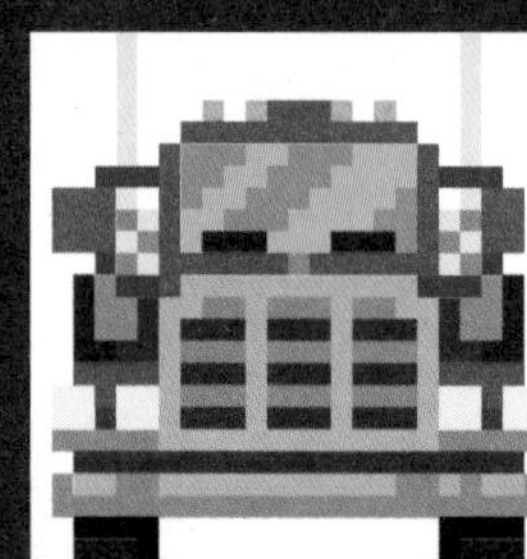

19 Hauler

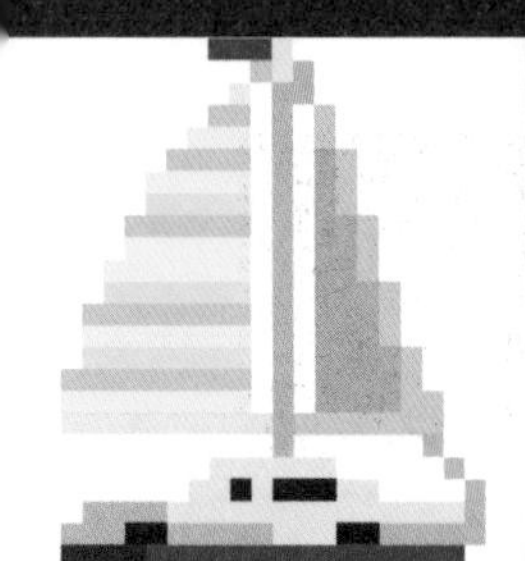

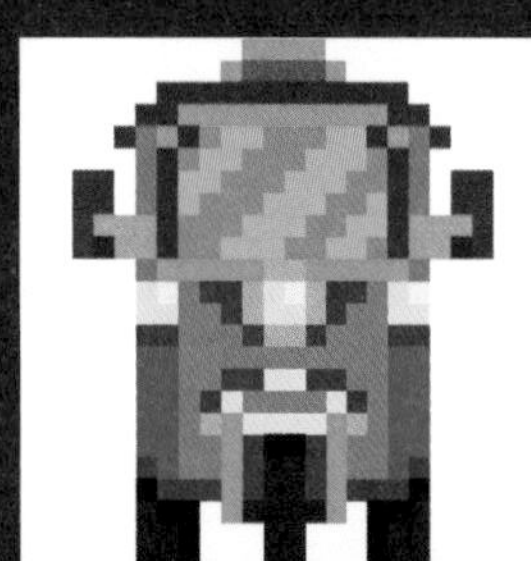

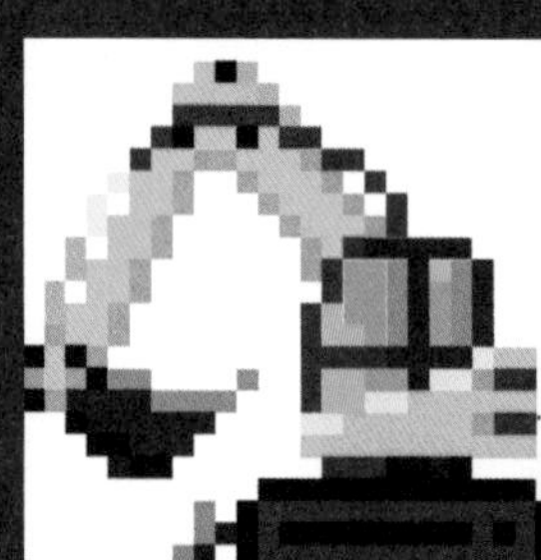

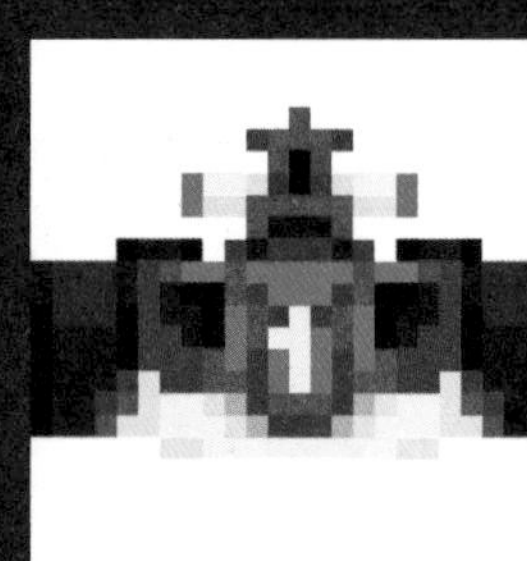

How to create your pixel art

Creating a pixel art vehicle is easy. Do it sticker by sticker and watch the image start to appear. This book contains 20 vehicle artworks and over 8,000 colored pixel stickers.

Now refer to the information on the right and read steps 1 to 8 below.

Page number

Horizontal and vertical lines form the squares in the grid

Project name

Under each **color name** are all the grid references for that color

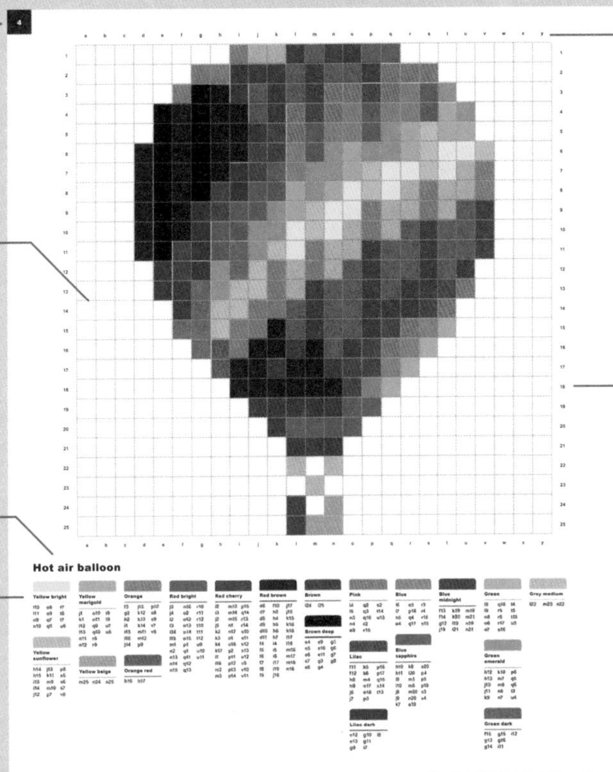

Letters **a–y** mark vertical columns

Numbers **1–25** mark the horizontal rows

Step by step

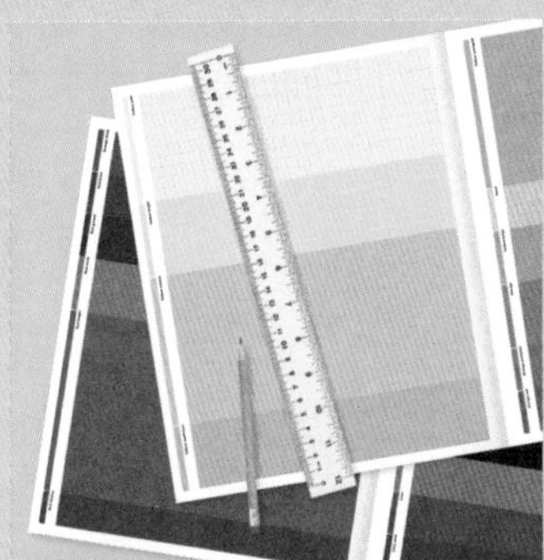

1 Remove the sticker pages from the center of the book. The stickers for all projects are grouped together under their **color name**. Have a ruler and pencil handy.

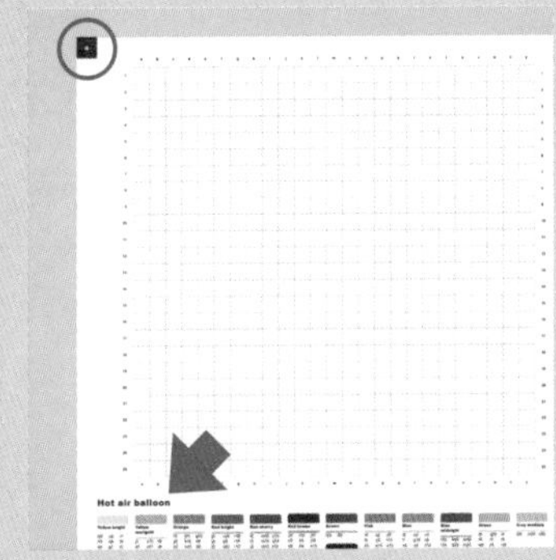

2 Select a vehicle (see contents page opposite) and find that page in the book. The hot air balloon is on page 4.

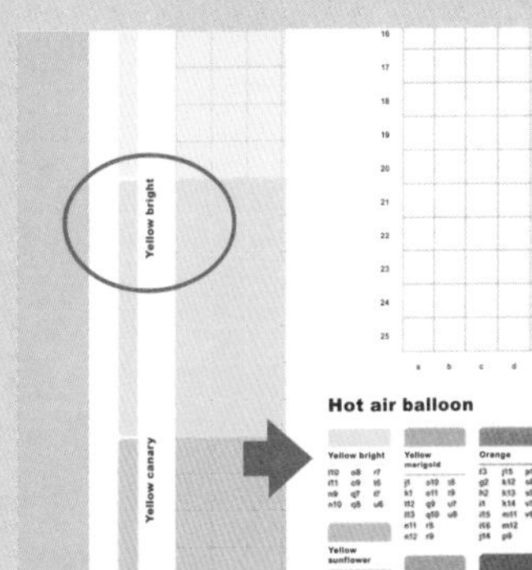

3 Locate the stickers (on the sticker sheets) that match the first **color name** listed. For the hot air balloon, the first color is **Yellow bright**.

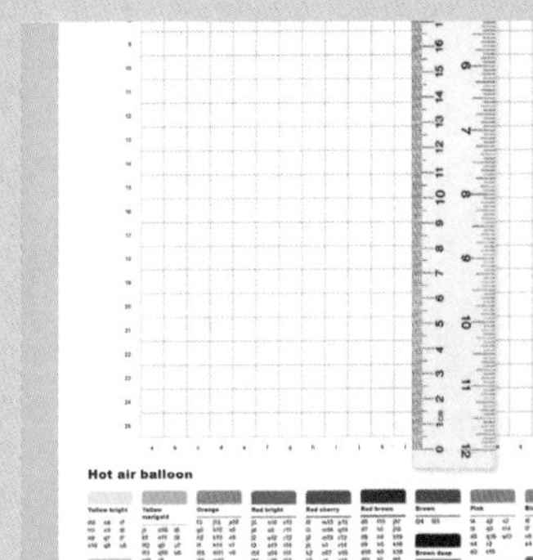

4 The first grid reference in **Yellow bright** for the hot air balloon is **I10**. Find **I** along the bottom or top of the grid. Position the ruler vertically in the center of this column (**I**).

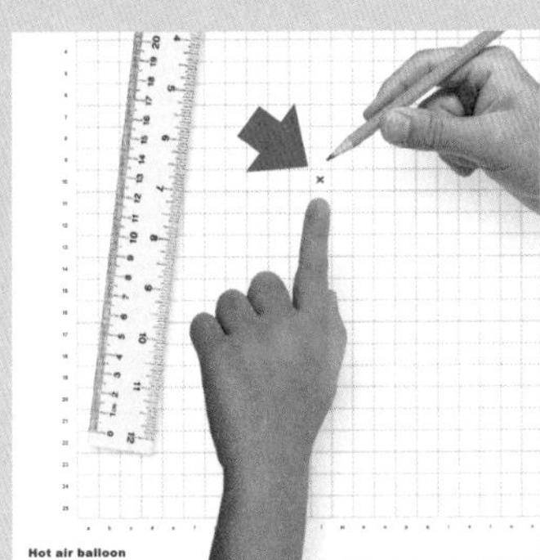

5 Find **10** among the numbers to the left or right of the grid. Move a finger along row **10** until it meets the ruler. Move the ruler to one side, then pencil a dot or small cross in square **I10**.

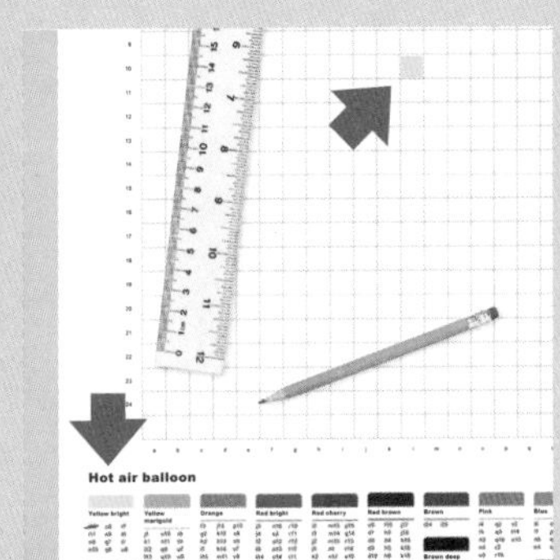

6 Carefully position a **Yellow bright** sticker in the marked square. Use the pencil to put a line through grid reference **I10** once you have positioned the sticker into the square.

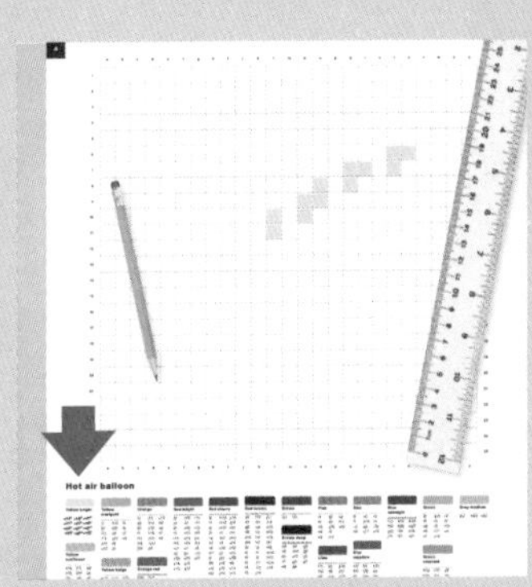

7 Repeat steps 4–6 for all the grid references listed under color **Yellow bright**. You can mark all the squares for a color before positioning the stickers, but only do one color at a time!

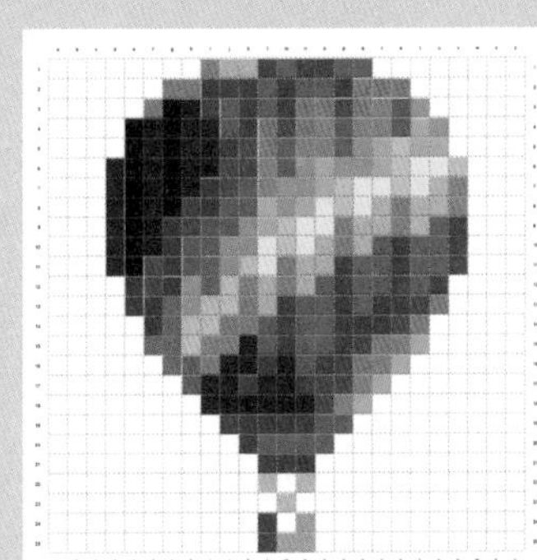

8 Then, complete all the colors listed until the hot air balloon is completed.

	a	b	c	d	e	f	g	h	i	j	k	l	m	n	o	p	q	r	s	t	u	v	w	x	y	
1																										1
2																										2
3																										3
4																										4
5																										5
6																										6
7																										7
8																										8
9																										9
10																										10
11																										11
12																										12
13																										13
14																										14
15																										15
16																										16
17																										17
18																										18
19																										19
20																										20
21																										21
22																										22
23																										23
24																										24
25																										25
	a	b	c	d	e	f	g	h	i	j	k	l	m	n	o	p	q	r	s	t	u	v	w	x	y	

Hot air balloon

Yellow bright

l10 o8 r7
l11 o9 t6
n9 q7 t7
n10 q8 u6

Yellow sunflower

h14 j13 p8
h15 k11 s5
i13 m9 s6
i14 m10 s7
j12 p7 v6

Yellow marigold

j1 o10 t8
k1 o11 t9
l12 q9 u7
l13 q10 u8
n11 r8
n12 r9

Yellow beige

m25 n24 n25

Orange

f3 j15 p10
g2 k12 s8
h2 k13 s9
i1 k14 v7
i15 m11 v8
i16 m12
j14 p9

Orange red

h16 h17

Red bright

j3 n16 r10
j4 o2 r11
l2 o12 r12
l3 o13 t10
l14 o14 t11
l15 o15 t12
m1 p1 u9
n2 q1 u10
n13 q11 u11
n14 q12
n15 q13

Red cherry

i2 m13 p15
i3 m14 q14
j2 m15 r13
j5 n1 r14
k2 n17 s10
k3 o1 s11
k4 o16 s12
k17 p2 s13
l1 p11 u12
l16 p12 v9
m2 p13 v10
m3 p14 v11

Red brown

d6 f10 j17
d7 h3 j18
d8 h4 k15
d9 h5 k16
d10 h6 k18
d11 h7 l17
f4 i4 l18
f5 i5 m16
f6 i6 m17
f7 i17 m18
f8 i18 n18
f9 j16

Brown

l24 l25

Brown deep

e4 e9 g5
e5 e10 g6
e6 e11 g7
e7 g3 g8
e8 g4

Pink

l4 q2 s2
l5 q3 t14
n3 q16 u13
n4 r2
o3 r15

Lilac

f11 k5 p16
f12 k6 p17
h8 m4 q15
h9 o17 s14
j6 o18 t13
j7 p3

Lilac dark

e12 g10 i8
e13 g11
g9 i7

Blue

l6 o5 r3
l7 p18 r4
n5 q4 r16
o4 q17 s15

Blue sapphire

h10 k8 o20
h11 l20 p4
i9 m5 p5
i10 m6 p19
j8 m20 s3
j9 n20 s4
k7 o19

Blue midnight

f13 k19 m19
f14 k20 m21
g12 l19 n19
j19 l21 n21

Green

l8 q18 t4
l9 r5 t5
n8 r6 t15
o6 r17 u5
o7 s16

Green emerald

h12 k10 p6
h13 m7 q5
j10 m8 q6
j11 n6 t3
k9 n7 u4

Green dark

f15 g15 i12
g13 g16
g14 i11

Grey medium

l22 m23 n22

	a	b	c	d	e	f	g	h	i	j	k	l	m	n	o	p	q	r	s	t	u	v	w	x	y	
1																										1
2																										2
3																										3
4																										4
5																										5
6																										6
7																										7
8																										8
9																										9
10																										10
11																										11
12																										12
13																										13
14																										14
15																										15
16																										16
17																										17
18																										18
19																										19
20																										20
21																										21
22																										22
23																										23
24																										24
25																										25
	a	b	c	d	e	f	g	h	i	j	k	l	m	n	o	p	q	r	s	t	u	v	w	x	y	

Train

Yellow pale

d10 k10 r10
e10 l10 s10
f10 m15 t10
g10 n10 u10
h10 o10 v10
i10 p10
j10 q10

Yellow bright

e4 h16 n9
e5 i4 o4
e6 i9 o9
e7 i15 p4
e8 i16 p9
e9 j4 q4
e15 j9 q9
e16 j15 r4
f4 k4 r9
f9 k9 s4
f15 k15 s9
f16 l15 t4
g4 m4 t9
g9 m5 u4
g15 m6 u5
g16 m7 u6
h4 m8 u7
h9 m9 u8
h15 n4 u9

Yellow canary

d11 j11 q16
d12 k11 r15
e11 k12 r16
e12 l11 s15
e13 l12 s16
e14 l13 t15
f11 l14 t16
f12 n15 u15
g11 o15 u16
h11 p15
i11 q15

Yellow sunflower

m11 m13
m12 m14

Yellow marigold

g12 n12 t11
h12 n13 t12
h13 n14 u11
h14 o11 u12
i12 o12 u13
j12 p11 u14
k13 q11 v11
k14 r11 v12
n11 s11

Orange

o13 q12 r14
o14 r12 s12
p12 r13

Red bright

d17 g20 s14
d18 h17 s17
d19 h18 s18
e17 i17 s19
e18 i18 s20
e19 i19 t13
e20 j17 t14
f13 m19 t17
f14 m20 t18
f17 m21 t21
f18 p17 u17
f21 q17 u18
g13 q18 u19
g14 q19 u20
g17 r17 v17
g18 r18 v18
g19 s13 v19

Red cherry

g21 i21 k20
h21 j20 k21
i20 k19 l19

Red brown

n19 o21 q21
o19 p20 r21
o20 q20 s21

Turquoise light

f7 l2 p6
f8 l6 p7
g6 l7 q5
g7 n3 q6
h5 n7 r5
h6 n8 r8
i5 o2 s7
j8 o6 s8
k3 o7 t6
k7 o8 t7
k8 p5

Turquoise dark

f5 j7 o5
f6 k2 p8
g5 k5 q7
g8 k6 q8
h7 l3 r6
h8 l5 r7
i6 l8 s5
i7 n2 s6
i8 n5 t5
j5 n6 t8
j6 o3

Grey medium

m16 m17 m18

Grey cloud

e3 i3 q3
f2 j1 r1
f3 k1 r2
g2 l1 r3
g3 m1 s2
h1 n1 s3
h2 o1 t2
h3 p1 t3
i1 q1 u3
i2 q2

Grey shadow

b25 k17 p2
c24 k18 p3
c25 l16 p16
d23 l17 p18
d24 l18 t22
e22 m2 u22
e23 m3 u23
f22 n16 v23
j2 n17 v24
j3 n18 w24
j16 o16 w25
j18 o17 x25
k16 o18

Black

f19 j19 l20
f20 j21 l21
h19 j20
h20 j21

Black rich

d25 j23 q23
e24 k23 r23
f23 l23 s22
g22 m23 s23
g23 n23 t23
h23 o23 u24
i23 p23 v25

White

i13 j14 p14
i14 m10 q13
j13 p13 q14

	a	b	c	d	e	f	g	h	i	j	k	l	m	n	o	p	q	r	s	t	u	v	w	x	y	
1																										1
2																										2
3																										3
4																										4
5																										5
6																										6
7																										7
8																										8
9																										9
10																										10
11																										11
12																										12
13																										13
14																										14
15																										15
16																										16
17																										17
18																										18
19																										19
20																										20
21																										21
22																										22
23																										23
24																										24
25																										25
	a	b	c	d	e	f	g	h	i	j	k	l	m	n	o	p	q	r	s	t	u	v	w	x	y	

Fishing boat

Yellow beige

d4 m12 s9
d5 n12 s12
d6 o12 t9
e4 p9 t12
e6 p12 u9
f4 q9 u12
f5 q12 v9
f6 r9 v12
l12 r12

Red brown

l11 r18 t20
m10 r19 u18
m11 s17 u19
n10 s20
n11 t17

Blue pale

e7 j18 p14
e8 k5 p15
e9 k17 q14
e10 k18 q15
e11 l5 r5
e12 l14 r11
e17 l15 r14
e18 l17 r15
f17 l18 s6
f18 m5 s11
g5 m15 s15
g17 m17 t7
g18 m18 t11
h5 n5 t14
h17 n14 t15
h18 n15 u11
i5 n17 u15
i17 n18 v14
i18 o5 v15
j5 o17
j17 p5

Blue sapphire

b16 l13 q13
b17 l16 q16
c16 m13 r10
c17 m16 r13
d16 n13 r16
d17 n16 s16
d18 o13 t10
e16 o14 t13
f16 o15 t16
g16 o16 u16
h16 o18 v13
i16 p13 v16
j16 p16 w16
k16 p17

Blue midnight

m14 s14 u14
s10 u10
s13 u13

Black

a18 e21 i22 o21
a19 e22 j8 p18
a20 f19 j10 p19
a21 f20 j19 p20
a22 f21 j20 p21
b18 f22 j21 q3
b19 g6 k9 q17
b20 g7 k11 q18
b21 g19 k19 q19
b22 g20 k20 q20
c18 g21 k21 r17
c19 g22 l10 r20
c20 h7 l19 t19
c21 h8 l20 u8
c22 h19 l21 u17
d19 h20 m19 v17
d20 h21 m20 v18
d21 h22 m21 v19
d22 i8 n19 w17
e5 i9 n20 w18
e13 i19 n21 x17
e19 i20 o19
e20 i21 o20

Black rich

a23 o22 u20
b23 o23 u21
c23 p22 u22
d23 p23 u23
e23 q21 v20
f23 q22 v21
g23 q23 v22
h23 r21 v23
i23 r22 w19
j22 r23 w20
j23 s18 w21
k22 s19 w22
k23 s21 x18
l22 s22 x19
l23 s23 x20
m22 t18 y17
m23 t21 y18
n22 t22
n23 t23

White

l9 q5 q10
m9 q6 q11
p7 q7 r7
q4 q8

Tractor

Yellow pale

e13 i12 n5 f12 j12 o5 g12 l6 h12 m5

Yellow canary

c14 i14 r12 c15 i15 s5 c16 j13 s12 d13 j14 t5 d14 k14 t12 d15 l13 u5 e12 m6 u12 e14 n6 v6 f13 p5 v12 g13 p14 w12 h13 q5 x13 h14 q13 y14 i13 r5

Yellow marigold

e15 o6 s13 f15 p6 t6 g16 p15 u6 j15 q6 v7 k13 q14 w13 k15 r6 x14 l12 r13 y15 l14 s6 y16

Turquoise light

n7 n13 p7 n8 o7 p8 n9 o8 p9 n10 o9 r7 n11 o10 n12 o11

Turquoise dark

n14 p12 s8 o12 r8 s9 o13 r9 t7 p10 r10 t8 p11 s7 t9

Grey light

b14 r19 u20 c13 s20 v19 f20 t20

Grey medium

b15 o18 t17 e19 o19 t19 f18 r17 u16 g19 r18 u18 m16 s16 v17 m17 s18 v18 m19 t16

Grey cloud

e18 g20 u17 e20 s17 u19 g18 s19

Grey shadow

c18 k4 q15 d17 k5 r14 e16 l9 s14 f14 l18 t14 f16 l20 u14 g14 m8 v11 g16 m9 v14 h15 m18 w15 h17 m20 x16 i16 n20 x17 i18 p16 j4 p17

Black

a16 h21 q19 b16 i19 q20 c19 i20 r15 c20 j16 r20 d18 k6 r21 d19 k7 s21 d20 k8 t21 d21 k9 u21 e17 k10 v15 e21 k11 v20 e22 k16 v21 f17 l16 w16 f21 n16 w17 f22 o16 w18 g17 p18 w19 g21 p19 w20 g22 p20 x18 h18 q16 x19 h19 q17 x20 h20 q18

Black rich

a17 m13 s15 a18 m14 s22 b17 m15 t10 b18 n15 t11 b19 n17 t13 c17 n18 t15 d16 n19 t18 f19 o14 t22 h16 o15 u7 i17 o17 u8 j17 p13 u9 j18 q7 u10 k12 q8 u11 k17 q9 u13 k18 q10 u15 k19 q11 u22 l15 q12 v13 l17 q21 v16 l19 r11 v22 m7 r16 w10 m10 r22 w14 m11 s10 w21 m12 s11 x15

Police car

Orange

b13

Red bright

o7 y12 y13

Turquoise light

j11 m9 q10
k10 o11 q11
k11 p10 r9
l9 p11 r10
l10 q9

Turquoise dark

g11 l11 r11
h10 m10 s10
i9 m11 s11
i11 o9 t9
j10 o10 u10
k9 p9

Blue midnight

m7

Grey light

i13 n11 q14
k14 n13 r13
n7 p13

Grey medium

e15 t15
f14 u14

Grey cloud

c14 j15 r14
c15 k15 r15
d13 l15 s13
f16 m15 u16
g15 n15 v15
h13 o15 w13
i14 p15 x14
i15 q15 x15

Black

a14 e16 u12
b12 f11 v11
b14 f12 v12
c12 g12 v14
c13 g14 v16
d11 g16 w11
d12 t12 w12
e11 t14 x12
e12 t16 x13
e14 u11

Black rich

a15 h16 s14
b15 j13 s15
d14 j14 s16
d15 k13 t13
d16 l13 t17
e13 l14 u13
e17 m13 u17
f13 m14 v13
f17 n14 v17
g13 o13 w14
g17 o14 w15
h14 p14 w16
h15 q13 y14

White

a13 l12 q8
f15 m8 q12
h11 m12 r8
h12 n8 r12
i10 n9 s9
i12 n10 s12
j9 n12 t10
j12 o8 t11
k8 o12 u15
k12 p8
l8 p12

	a	b	c	d	e	f	g	h	i	j	k	l	m	n	o	p	q	r	s	t	u	v	w	x	y
1																									
2																									
3																									
4																									
5																									
6																									
7																									
8																									
9																									
10																									
11																									
12																									
13																									
14																									
15																									
16																									
17																									
18																									
19																									
20																									
21																									
22																									
23																									
24																									
25																									

School bus

Yellow pale

b16 c15 d15 e2 f1 g1 g12 g13 h1 h12 h13 i1 i12 i13 i14 j1 j12 j13 j14 k1 k12 k13 k14 l1 l12 l13 l14 m1 m12 m13 m14 n1 n12 n13 n14 o1 o12 o13 o14 p1 p12 p13 p14 q1 q12 q13 q14 r1 r12 r13 s1 s12 s13 t1 u2 v15 w15 x16

Yellow canary

c14 d3 d4 d5 d6 d7 d8 d9 d10 d11 d13 d14 e5 e6 e12 e14 e15 f5 f12 f13 f15 f16 g5 g16 g17 g18 g19 h5 h14 h18 h19 i5 i15 i16 i17 i18 i19 j5 k5 l5 m5 m7 m8 m9 m10 m11 n5 o5 p5 q5 q15 q16 q17 q18 q19 r5 r14 r18 r19 s5 s16 s17 s18 s19 t5 t12 t13 t15 t16 u5 u6 u12 u14 u15 v3 v4 v5 v6 v7 v8 v9 v10 v11 v13 v14 w14

Yellow marigold

b17 b18 b19 c16 c17 c19 d16 d17 d19 e4 e7 e13 e16 e17 e19 f3 f6 f14 f17 f18 f19 g6 g14 g15 h6 h15 h16 h17 i6 j3 j6 j15 j17 j19 k3 k4 k6 k15 k17 k19 l3 l4 l6 l15 l17 l19 m3 m4 m6 m15 m17 m19 n3 n4 n6 n15 n17 n19 o3 o4 o6 o15 o17 o19 p3 p6 p15 p17 p19 q6 r6 r15 r16 r17 s6 s14 s15 t3 t6 t14 t17 t18 t19 u4 u7 u13 u16 u17 u19 v16 v17 v19 w16 w17 w19 x17 x18 x19

Red cherry

c18 w18

Brown

e3 f2 g2 h2 i2 j2 k2 l2 m2 n2 o2 p2 q2 r2 s2 t2 u3

Turquoise light

e9 e10 f8 f9 g8 g9 h7 h8 h11 i7 i8 i11 j7 j10 j11 k7 k10 k11 l9 l10 l11 n8 n9 o7 o8 o9 p7 p8 p11 q7 q8 q11 r7 r10 r11 s7 s10 s11 t9 t10 u9 u10

Turquoise dark

e8 e11 f7 f10 f11 g7 g10 g11 h9 h10 i9 i10 j8 j9 k8 k9 l7 l8 n7 n10 n11 o10 o11 p9 p10 q9 q10 r8 r9 s8 s9 t7 t8 t11 u8 u11

Grey medium

a20 b5 b6 b7 b8 b9 b10 b11 b12 b20 c5 c12 c20 d12 d20 e20 f4 f20 g3 g20 h3 h4 h20 i3 i20 j4 j20 k20 l20 m20 n20 o20 p4 p20 q3 q20 r3 r4 r20 s3 s20 t4 t20 u20 v12 v20 w5 w12 w20 x5 x6 x7 x8 x9 x10 x11 x12 x20 y20

Grey cloud

b21 c21 d21 e21 f21 g21 h21 i21 j21 k21 l21 m21 n21 o21 p21 q21 r21 s21 t21 u21 v21 w21 x21

Grey shadow

a7 a8 a9 a10 a21 a22 b22 c7 c8 c9 c10 c22 d22 e22 f22 g22 h22 i22 j16 j18 j22 k16 k18 k22 l16 l18 l22 m16 m18 m22 n16 n18 n22 o16 o18 o22 p16 p18 p22 q22 r22 s22 t22 u22 v22 w7 w8 w9 w10 w22 x22 y7 y8 y9 y10 y21 y22

Black

b24 b25 c24 c25 d24 d25 v24 v25 w24 w25 x24 x25

Black rich

b23 c23 d23 e23 e24 e25 u23 u24 u25 v23 w23 x23

White

d18 e18 g4 i4 q4 s4 u18 v18

	a	b	c	d	e	f	g	h	i	j	k	l	m	n	o	p	q	r	s	t	u	v	w	x	y	
1																										1
2																										2
3																										3
4																										4
5																										5
6																										6
7																										7
8																										8
9																										9
10																										10
11																										11
12																										12
13																										13
14																										14
15																										15
16																										16
17																										17
18																										18
19																										19
20																										20
21																										21
22																										22
23																										23
24																										24
25																										25
	a	b	c	d	e	f	g	h	i	j	k	l	m	n	o	p	q	r	s	t	u	v	w	x	y	

Tugboat

Red bright

e17	k12	n15
e18	k19	n19
f18	l10	n20
g18	l11	o14
h13	l12	o15
h14	l19	o19
i10	l20	p13
i11	m10	p14
i12	m13	p15
i13	m14	p19
i14	m15	p20
j10	m19	q19
j13	m20	q20
j14	n10	r19
j18	n11	r20
j19	n12	s19
k10	n13	v19
k11	n14	v20

Red brown

e16	l18	s18
g17	m18	v18
j17	o18	
k18	q18	

Blue pale

g5	i5	m12
g6	i6	o13
g7	i7	t19
h5	i18	t20
h11	i19	u19
h12	j11	u20
h18	j12	
h19	m11	

Blue midnight

b23	j16	q17
c24	j25	q25
d14	k16	r16
d15	k17	r17
d24	k25	r25
e14	l16	s16
e15	l17	s17
e25	l25	s25
f15	m16	t16
f16	m17	t17
f25	m25	t25
g15	n16	u16
g16	n17	u17
g25	n25	u25
h15	o16	v16
h16	o17	v17
h25	o25	v25
i15	p16	w16
i16	p17	w17
i25	p25	w25
j15	q16	x24

Green

a17	l22	u3
b18	m22	u22
d20	n22	v3
e20	p22	v22
g9	q22	w3
g10	r22	x4
h10	t2	x22
h21	t3	y21
i21	t22	

Grey light

h6	l15	s8
h7	m6	s9
h8	m9	s10
h9	n5	s11
i8	n9	s12
i9	o5	s13
j7	o12	s14
j9	p4	s15
k7	p12	t5
k9	q4	t6
k13	r3	u7
k14	s2	u8
k15	s3	v9
l6	s4	v10
l9	s5	w11
l13	s6	w12
l14	s7	

Grey medium

b20	h23	p18
c21	i17	p23
d21	i22	q23
e21	i23	r18
e22	j22	r23
f17	j23	s23
f21	k23	t18
f22	l23	t23
g22	m23	u18
g23	n18	u23
h17	n23	v23
h22	o23	

Grey cloud

a20	j24	r24
a21	k24	s24
b21	l24	t24
b22	m24	u14
c22	n24	u15
c23	o24	u24
d22	p24	v13
d23	q8	v14
e23	q9	v15
e24	q10	v24
f23	q11	w13
f24	q12	w14
g24	q13	w23
h24	q24	w24
i24	r9	x23

Grey shadow

a18	m21	r13
a19	o21	r14
c19	q14	r15
e19	q15	s21
f19	q21	u21
g20	r8	w21
i20	r10	y22
j20	r11	
k21	r12	

Black rich

b19	j21	r21
c18	k20	s20
c20	k22	s22
d19	l21	t21
f20	n21	v21
g19	o20	w20
g21	o22	w22
h20	p21	x21

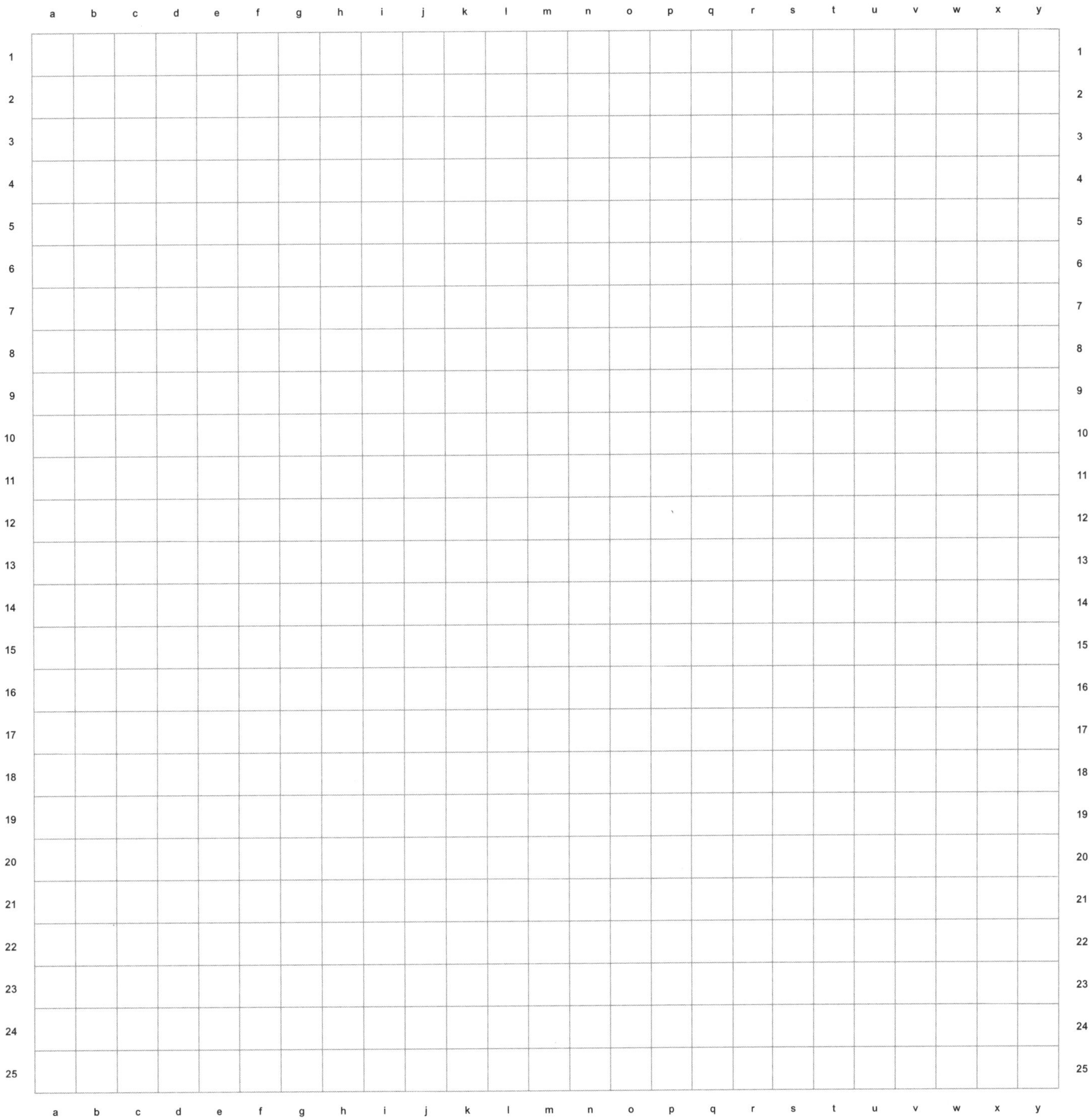

Biplane

Red coral

c11	e11	n11
c12	e12	n12
d11	g11	
d12	g12	

Red bright

c13	h12	o13
c14	h13	u13
d13	h14	v13
d14	l14	w13
e13	m13	x13
e14	m14	y13
g13	n13	
g14	o12	

Red cherry

c15	f13	i15
d15	h11	k14
e15	h15	l15
f11	i10	m15
f12	i14	n15

Red brown

b13	h10	k18
b15	h17	l17
c16	i9	l18
d16	i11	m16
d17	i12	m17
e16	i13	n16
e17	i17	n17
f9	i18	o16
f14	j9	s16
f15	j13	t16
f16	j14	t17
f17	j15	u15
g9	j17	u16
g15	j18	v15
g17	k15	
h9	k17	

Turquoise dark

a13	j11	k10
b12	j12	k11

Grey light

a7	f6	m7	t13
a8	f7	n8	u7
a9	f20	n14	u8
a10	g6	o8	u9
a11	g7	o11	u10
a12	g16	o14	u11
a15	g18	p12	u12
a16	h6	p13	v7
a17	h7	p14	v12
a18	h16	q12	w8
a19	h18	q13	w10
a20	i6	q14	w12
d7	i7	r13	x8
d8	i16	r14	x9
d20	j7	s13	x10
d21	j16	t8	x12
e6	k7	t9	y9
e7	k16	t10	y10
e8	l7	t11	y11
e20	l16	t12	

Grey medium

a14	l8	v9
d22	m8	v10
e9	o15	v11
e22	p15	w7
f8	q15	w9
f21	s14	w11
f22	t14	x11
k8	v8	

Grey cloud

b14	k9	r15
e18	m18	r16
f18	n18	s15
g8	o17	t15
g19	o18	u14
h8	p16	v14
i8	p17	w14
j8	q16	x14

Black rich

c20	e21	g22
c21	e23	l13
c22	f19	m11
d19	f23	m12
d23	g20	
e19	g21	

	a	b	c	d	e	f	g	h	i	j	k	l	m	n	o	p	q	r	s	t	u	v	w	x	y	
1																										1
2																										2
3																										3
4																										4
5																										5
6																										6
7																										7
8																										8
9																										9
10																										10
11																										11
12																										12
13																										13
14																										14
15																										15
16																										16
17																										17
18																										18
19																										19
20																										20
21																										21
22																										22
23																										23
24																										24
25																										25
	a	b	c	d	e	f	g	h	i	j	k	l	m	n	o	p	q	r	s	t	u	v	w	x	y	

Monster truck

Yellow canary

g6	k6	p6
h6	l6	q6
h7	m6	r6
i6	n6	r7
j6	o6	s6

Yellow marigold

d10	v10

Red bright

d5	j1	r1
d6	j12	s2
d11	k1	t3
d12	k12	t4
e5	l1	t7
e8	l12	t8
e11	m1	u5
e12	m12	u8
f3	n1	u11
f4	n12	u12
f7	o1	v5
f8	o12	v6
g2	p1	v11
h1	p12	v12
i1	q1	
i12	q12	

Red cherry

e6	g12	t11
e7	h12	t12
f11	r12	u6
f12	s12	u7

Red brown

f5	g8	t5
f6	s7	t6
g7	s8	

Blue sapphire

e10	l13	o13
f10	l14	o14
j13	m13	p13
j14	m14	p14
k13	n13	t10
k14	n14	u10

Grey light

d9	j7	q9
d13	j9	q13
e9	k7	r8
e13	l7	r9
f13	l9	r13
g9	m8	s9
g13	m10	s13
h8	n7	t13
h9	n9	u9
h13	o7	u13
i7	p7	v9
i9	p9	v13
i13	q7	

Grey medium

c12	j11	r11
c13	k9	r14
c14	k11	s10
d14	l11	s11
f9	m7	s14
g10	m11	t9
g11	n11	v14
g14	o9	w12
h11	o11	w13
h14	p11	w14
i11	q11	
i14	q14	

Grey cloud

e14	j4	n5
f14	j5	t14
h3	k5	u14
i3	l3	
i4	m4	

Grey shadow

a16	h17	q16
a17	i10	q17
a18	i16	r17
a19	j10	t17
a20	k10	t18
a21	l10	t19
b17	m9	t20
b19	n10	t21
g17	o10	u18
h10	p10	u20
h16	p16	

Black

a22	e18	j8	m20	q5	w19
a23	e19	j19	n3	q8	w20
a24	e20	j20	n4	q10	w21
b15	e21	k2	n8	q18	w22
b16	e22	k3	n16	r10	x15
b18	f18	k4	n18	r18	x16
b21	f19	k8	n19	t22	x17
b23	f20	k16	n21	t23	x18
c15	g3	k18	o3	u17	x19
c16	g4	k19	o4	u19	x20
c17	g5	k21	o5	u22	x21
c18	g18	l4	o8	v16	x22
d16	h2	l5	o19	v17	y16
d17	h4	l8	o20	v18	y17
d18	h5	l16	p3	v19	y18
d19	h18	l19	p4	v20	y19
d20	i5	l20	p5	v21	y20
d21	i8	m3	p8	w15	
d22	i17	m5	p17	w16	
e16	i19	m16	p19	w17	
e17	j3	m19	q4	w18	

Black rich

b20	f22	m2	r5	u23
b22	f23	m15	r19	u24
b24	f24	m18	r20	u25
b25	f25	m21	s3	v15
c19	g19	n2	s4	v22
c20	g20	n15	s5	v23
c21	h15	n17	s16	v24
c22	h19	n20	s17	v25
c23	h20	o2	s18	w23
c24	i2	o15	s19	w24
c25	i15	o16	s20	w25
d15	i20	p2	s21	x23
d23	j2	p15	s22	x24
d24	j15	p20	s23	x25
d25	j16	q2	r24	y21
e15	k15	q3	t15	y22
e23	k17	q15	t16	y23
e24	k20	q19	t24	y24
e25	l2	q20	t25	
f16	l15	r2	u15	
f17	l18	r3	u16	
f21	l21	r4	u21	

	a	b	c	d	e	f	g	h	i	j	k	l	m	n	o	p	q	r	s	t	u	v	w	x	y
1																									
2																									
3																									
4																									
5																									
6																									
7																									
8																									
9																									
10																									
11																									
12																									
13																									
14																									
15																									
16																									
17																									
18																									
19																									
20																									
21																									
22																									
23																									
24																									
25																									

Ambulance

Red coral

k6 y13
x6 y14

Red bright

f14 n8 s10
g8 n13 s13
g13 n14 t8
g14 o8 t9
h8 o13 t12
h14 o14 t13
i8 p8 u8
i14 p13 u11
j8 p14 u13
k8 q8 v8
k14 q13 v13
l8 q14 v14
l14 r8 w8
m8 r13 w13
m13 r14 w14
m14 s8 x8

Red cherry

a15 l15 t11
g15 m15 u10
h15 n15 w15
i15 o15 x13
j13 p15 x14
j14 q15 x15
j15 s11 y15
k15 t10

Blue sapphire

l11 m10 m11

Blue midnight

c11 g9 l9
d10 g10 m9
e9 h9 n9
e11 h10 n10
f8 i6 w6
f10 k9
f11 k10

Grey light

b12 j12 t7
b14 k7 t16
c12 k12 t18
c13 l7 u7
c17 l12 u12
d11 m7 u17
d13 m12 v7
d16 n7 v12
d18 n12 w7
e10 o7 w12
e13 o12 x7
e17 p7 x9
f9 p12 x10
f13 q7 x11
g12 q12 x12
h7 r7 y10
h12 r12 y11
i7 s7 y12
i12 s12
j7 s17

Grey medium

g16 m16 r10
g17 m17 r11
h16 n16 s9
h17 n17 u9
i11 o16 v9
i16 o17 v10
i17 p9 v11
j6 p10 w9
j9 p11 w10
j10 q9 w11
j11 q10 w16
k16 q11 w17
k17 q16 x16
l16 q17
l17 r9

Grey cloud

a16 j16 q18
a17 j17 r15
b15 j18 s14
c14 k18 t14
d14 l18 t17
d17 m18 u14
e14 n18 v15
f15 o18 w18
g18 p16 x17
h18 p17 y16
i18 p18

Black

c16 e18 u16
c18 s16 u18
e16 s18

Black rich

b16 f18 o11
b17 g11 r16
b18 h11 r17
c15 h13 r18
c19 i9 s15
d12 i10 s19
d15 i13 t15
d19 k11 t19
e12 k13 u15
e15 l10 u19
e19 l13 v16
f12 n11 v17
f16 o9 v18
f17 o10

White

a13 a14 b13

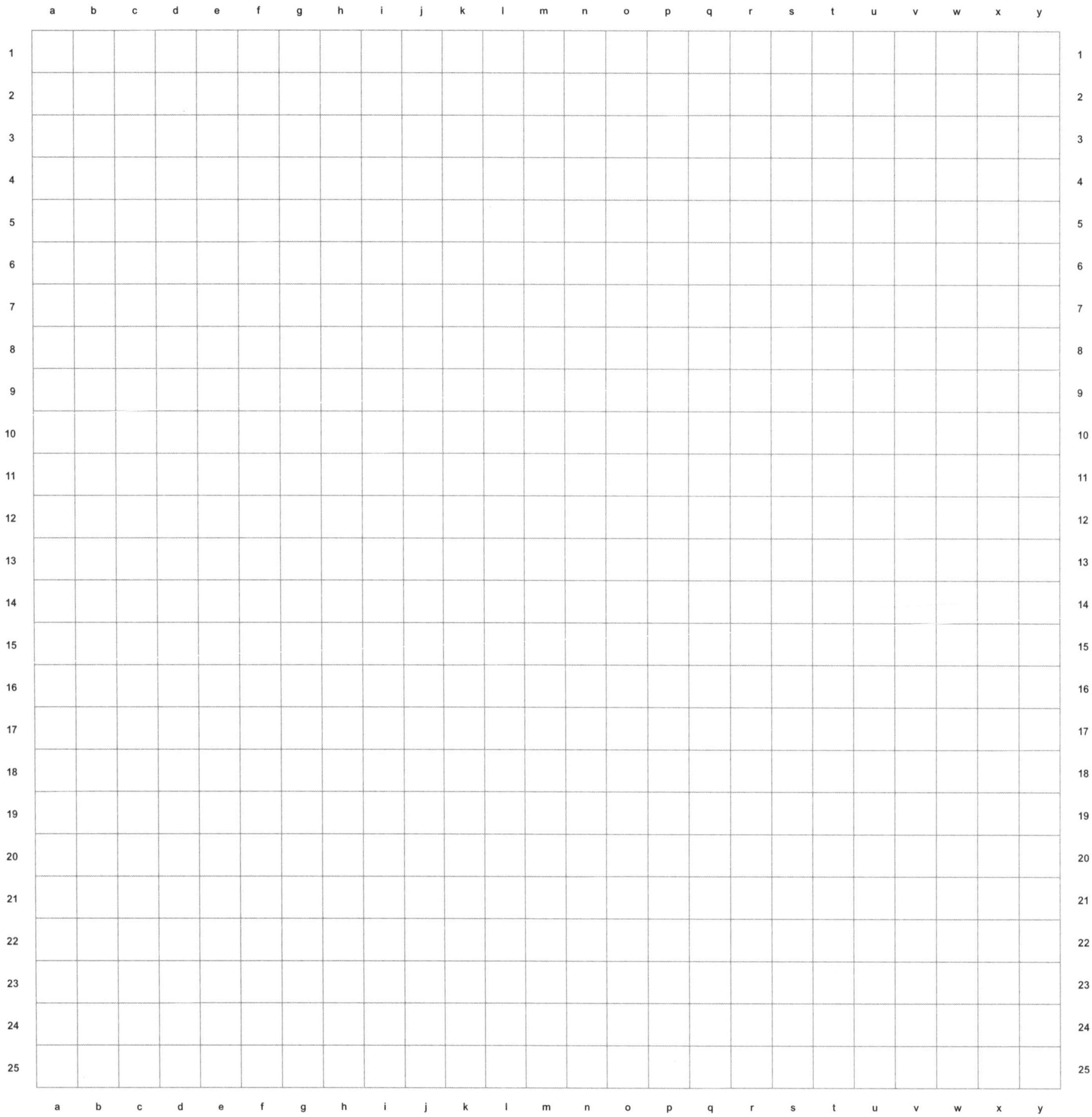

Cargo ship

Sand

m8 o13 p13
o8 p8 r8

Yellow beige

g8 j8
i8 l8

Orange pumpkin

i13 q9 s9
j13 q12 s12
l2 r9 t9
m2 r12 t12

Red cherry

e13 h13 q18
e14 m18 r18
f13 n18 s18
f14 o18 t18
g13 p18

Brown

i9 k9 q11
i12 k12 r11
j9 l9 s11
j12 l12 t11

Brown deep

e18 h18 k18
f18 i18 l18
g18 j18

Blue

e10 k10 q10
f10 l10 r10
g10 m10 s10
h10 n10 t10
i10 o10
j10 p10

Blue sapphire

f6 l6 o12
g6 l11 p6
h6 m6 p9
h7 m9 p12
i6 m12 q6
i11 n6 r6
j11 n9 s6
k6 n12
k11 o9

Blue midnight

m11 o11
n11 p11

Turquoise light

e9 f12 h9
e12 g9 h12
f9 g12

Turquoise dark

e11 g11
f11 h11

Green

f4 n4 s13
h4 q4 s14
k4 q13 t13
l4 r13 t14
m4 s4

Green emerald

g4 j4 p4
i4 o4 r4

Grey medium

e17 h17 k17
f17 i17 l17
g17 j17

Black

h8 n24 q20
k8 o14 q21
m13 o15 q22
m14 o16 q23
m15 o19 r14
m16 o20 r15
m19 o21 r16
m20 o22 r19
m21 o23 r20
m22 p14 r21
m23 p15 r22
m24 p16 s15
n8 p19 s16
n13 p20 s19
n14 p21 s20
n15 p22 s21
n16 p23 t15
n19 q8 t16
n20 q14 t19
n21 q15 t20
n22 q16
n23 q19

Black rich

e15 g25 j19 l21
e16 h14 j20 l22
e19 h15 j21 l23
e20 h16 j22 l24
e21 h19 j23 l25
e22 h20 j24 m25
e23 h21 j25 n24
f15 h22 k13 n25
f16 h23 k14 o24
f19 h24 k15 o25
f20 h25 k16 p24
f21 i14 k19 p25
f22 i15 k20 q24
f23 i16 k21 q25
f24 i19 k22 r23
g14 i20 k23 r24
g15 i21 k24 r25
g16 i22 k25 s22
g19 i23 l13 s23
g20 i24 l14 s24
g21 i25 l15 t21
g22 j14 l16 t22
g23 j15 l19 t23
g24 j16 l20

White

e5 l3 p5
f5 l5 p7
f7 l7 p17
g5 m1 q5
g7 m3 q7
h5 m5 q17
h7 m7 r5
i5 m17 r7
i7 n5 r17
j5 n7 s5
j6 n17 s7
j7 o5 s17
k5 o6 t5
k7 o7 t17
l1 o17

	a	b	c	d	e	f	g	h	i	j	k	l	m	n	o	p	q	r	s	t	u	v	w	x	y	
1																										1
2																										2
3																										3
4																										4
5																										5
6																										6
7																										7
8																										8
9																										9
10																										10
11																										11
12																										12
13																										13
14																										14
15																										15
16																										16
17																										17
18																										18
19																										19
20																										20
21																										21
22																										22
23																										23
24																										24
25																										25
	a	b	c	d	e	f	g	h	i	j	k	l	m	n	o	p	q	r	s	t	u	v	w	x	y	

Space shuttle

Yellow canary

j22 m22
k22 n22

Orange pumpkin

k3 l2 l5
k4 l3
k5 l4

Orange red

j4 m2 n4
j5 m3 n5
k2 m4
f1 m5

Orange deep

j6 j9 l6
j7 k6
j8 k7

Red bright

h21 p21
h23 p23

Red cherry

g21 i23 q21
g23 o21 q23
i21 o23

Red brick

j10 m6 n7
j11 m7 n8
j12 n6 n9

Red garnet

n10 n11 n12

Green

k11 l11
l10 m11

Grey light

f24 i11 o12
g6 i12 o13
g24 i13 o24
h5 i24 p5
h6 j24 p6
h7 n24 p7
h24 o6 p24
i6 o8 q6
i8 o9 q24
i9 o10 r24
i10 o11

Grey medium

g7 j14 o7
g8 j18 o19
g9 j19 o20
g10 j20 p22
g11 k9 q7
g12 k19 q8
g13 k20 q9
g14 m9 q10
g15 m19 q11
g22 m20 q12
h22 n13 q13
i7 n14 q14
i19 n18 q15
i20 n19 q22
j13 n20

Grey cloud

g16 i22 p15
h15 o14 q16
i14 o22

Grey shadow

j21 m21
k21 n21

Black rich

e19 l12 m8
e20 l13 o15
f18 l14 p16
f20 l15 p20
g17 l16 q17
g20 l17 q20
h16 l18 r18
h20 l19 r20
i15 l20 s19
k8 l21 s20
l7 l22
l8 l23

White

f19 j17 o16
g18 k10 o17
g19 k12 o18
g25 k13 o25
h8 k14 p8
h9 k15 p9
h10 k16 p10
h11 k17 p11
h12 k18 p12
h13 l9 p13
h14 m10 p14
h17 m12 p17
h18 m13 p18
h19 m14 p19
h25 m15 p25
i16 m16 q18
i17 m17 q19
i18 m18 q25
i25 n15 r19
j15 n16
j16 n17

Mining truck

Yellow pale

a11 b10 c9 d4 d8 e4 e7 f4 f7 f18 g4 g7 h4 h7 i4 j5 k6 l6 m6 n6 o6 p5 q5 r5 s5 t5 u4 u18 v4 w4 x4

Yellow canary

a12 a13 b11 b12 c10 c11 d11 d16 d17 d18 e5 e11 e15 e19 f5 f11 f15 f17 f19 g5 g11 g15 g19 h5 h16 h17 h18 i5 j4 j6 k7 l7 m10 m11 m12 n11 n12 n13 n14 o5 o9 o13 o14 p6 p9 p10 p11 q10 q11 q12 r8 r11 r12 s8 s9 s10 s16 s17 s18 t4 t9 t10 t15 t19 u5 u7 u8 u15 u17 u19 v7 v8 v15 v19 w16 w17 w18 x6 y4 y5

Yellow marigold

e16 e18 g16 g18 h11 i8 i9 i10 i11 j11 j12 l9 l10 m7 m9 m13 n8 n9 n10 n15 o8 o10 o11 o12 o15 p8 p12 p13 p14 p15 q6 q8 q9 q13 q14 r7 r9 r10 r13 s7 s11 s12 t7 t8 t11 t16 t18 u9 u10 v6 v9 v16 v18 w6 w7 w8 x7 y6

Orange

a14 a15 b13 c12 e17 f16 g17 h6 i6 i12 j7 j13 k8 k9 k10 l8 l11 l12 l13 m8 m14 m15 n7 o7 p7 q7 r6 s6 t6 t17 u6 u16 v5 v17 w5 x5

Turquoise light

d10 e9 e10 f8 f9 g8

Turquoise dark

d9 e8 f10 g9 g10 h8 h9 h10

Grey cloud

b15 b16 c14 d13 e13 f13 g13 h13 i14 j15 j16 q15 q16 r14 s13 t13 u13 v13 w13 x14 y15 y16

Grey shadow

b17 b18 b19 c15 c19 d14 d20 h14 h20 i15 i19 j17 j18 j19 l17 m17 n17 q17 q18 q20 r15 r19 s14 s20 w14 w20 x15 x19 y17 y18 y19

Black

b14 c13 c20 d12 d21 e12 e21 f12 f21 g12 g21 h12 h21 i13 i20 j14 k12 k13 k14 k15 l14 l15 l18 m18 n18 o17 o18 r20 s21 t12 t21 u12 u21 v21 w21 x20

Black rich

c16 c17 c18 d15 d19 e14 e20 f14 f20 g14 g20 h15 h19 i16 i17 i18 k16 k17 l16 m16 n16 o16 p16 p17 r16 r17 r18 s15 s19 t14 t20 u14 u20 v14 v20 w15 w19 x16 x17 x18

Yellow pale

Yellow bright

Yellow canary

Yellow sunflower

Orange deep

Red brick

Red garnet

Red coral

Red bright

Red cherry

Blue midnight

Blue sapphire

Blue

Blue sky

Blue pale

Black rich

White

Grey shadow

Grey cloud

Green dark Green emerald Green Turquoise dark Turquoise light

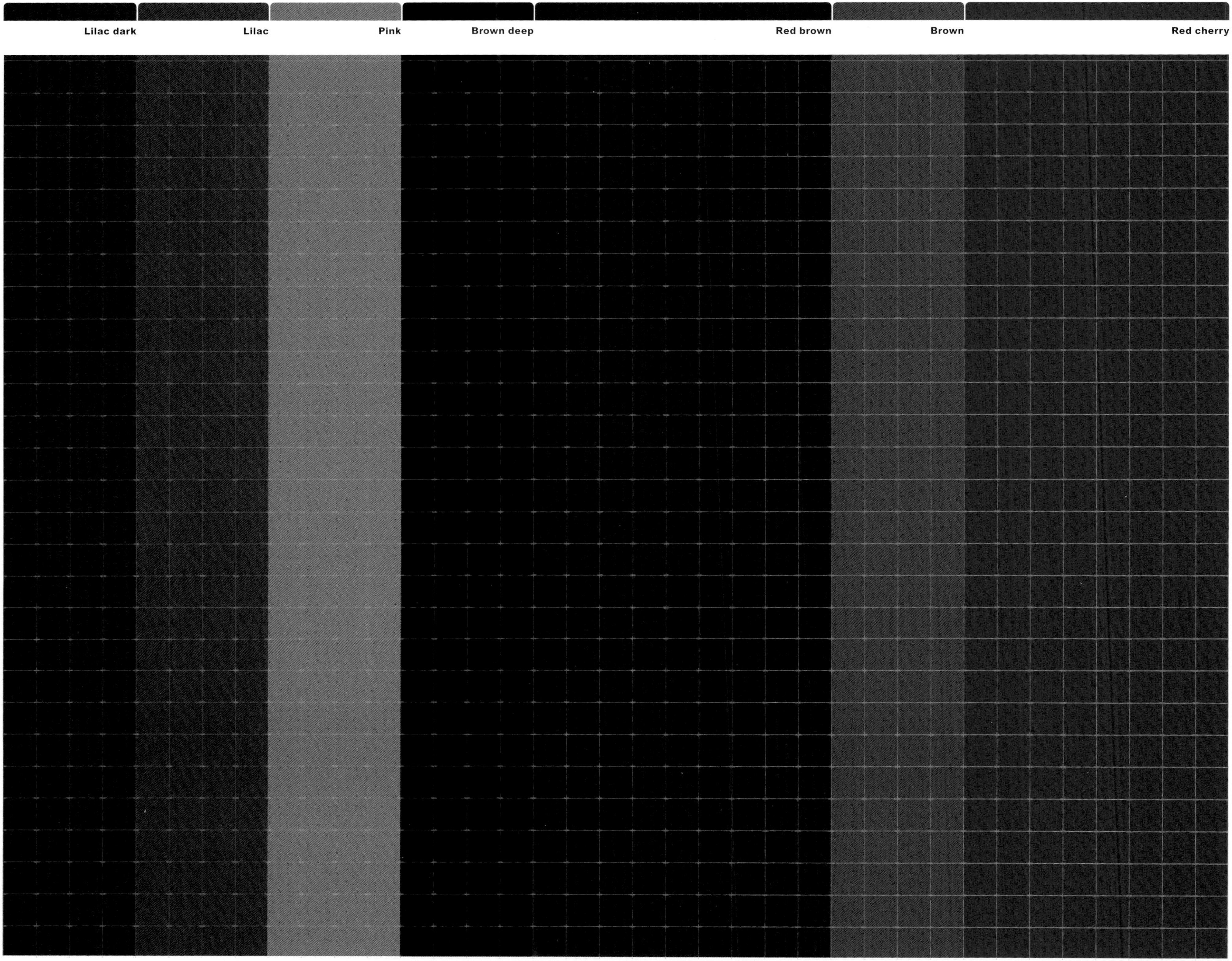
Lilac dark
Lilac
Pink
Brown deep
Red brown
Brown
Red cherry

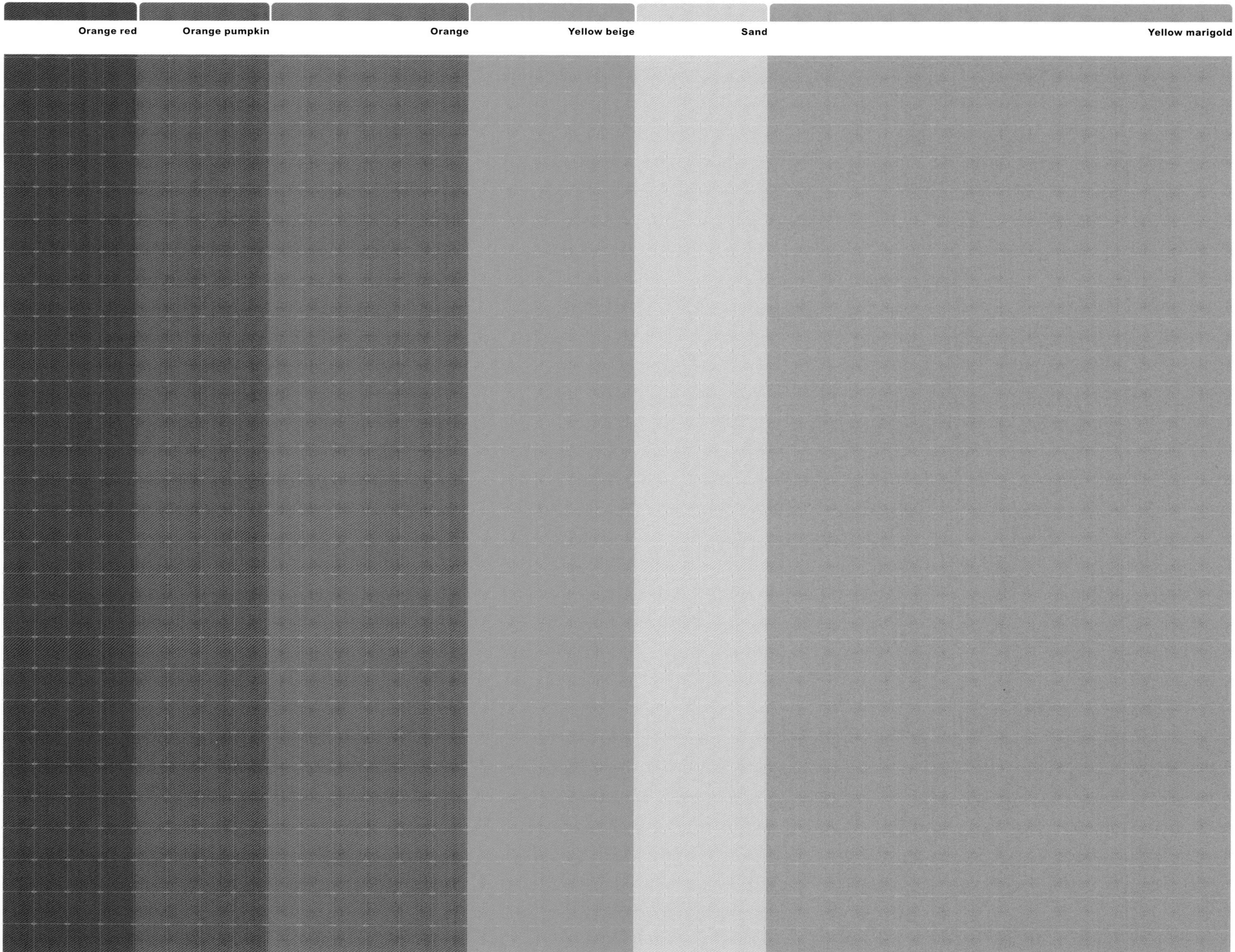
Orange red
Orange pumpkin
Orange
Yellow beige
Sand
Yellow marigold

	a	b	c	d	e	f	g	h	i	j	k	l	m	n	o	p	q	r	s	t	u	v	w	x	y	
1																										1
2																										2
3																										3
4																										4
5																										5
6																										6
7																										7
8																										8
9																										9
10																										10
11																										11
12																										12
13																										13
14																										14
15																										15
16																										16
17																										17
18																										18
19																										19
20																										20
21																										21
22																										22
23																										23
24																										24
25																										25
	a	b	c	d	e	f	g	h	i	j	k	l	m	n	o	p	q	r	s	t	u	v	w	x	y	

Helicopter

Yellow bright

a10	j13	q17
b10	k13	r17
e12	l13	s17
f12	m14	t17
g12	n15	u17
h13	o16	
i13	p17	

Blue pale

o14	r13	t15
p13	s11	u12
p14	s12	u13
r11	s15	u14
r12	t14	v13

Blue sky

o13	q14
p15	q15

Blue

j12	m12	o9
k12	n11	o10
l12	n12	o12

Blue sapphire

a8	k14	q12
a9	l14	q13
a11	m13	q16
b9	n13	r14
b11	n14	r15
b12	p8	r16
c11	p9	s16
d12	p10	t16
h12	p12	u16
i12	q10	v16

Blue midnight

b14	n16	p18
b15	n17	q11
c13	o11	q18
d13	o15	r18
e13	o17	s18
f13	o18	t18
g13	p11	
m15	p16	

Grey cloud

k7	l17	t7
l7	m17	u7
l16	s7	

Black

e7	n7	r21
f7	n21	s21
l15	o21	t21
l21	p21	u21
m7	q7	v21
m16	q21	w20
m21	r7	y7

Black rich

a12	i7	s19
a14	j7	s20
b13	o7	v7
c12	o19	w7
c14	o20	x7
g7	p6	
h7	p7	

White

s13	t13	v15
s14	u15	
t12	v14	

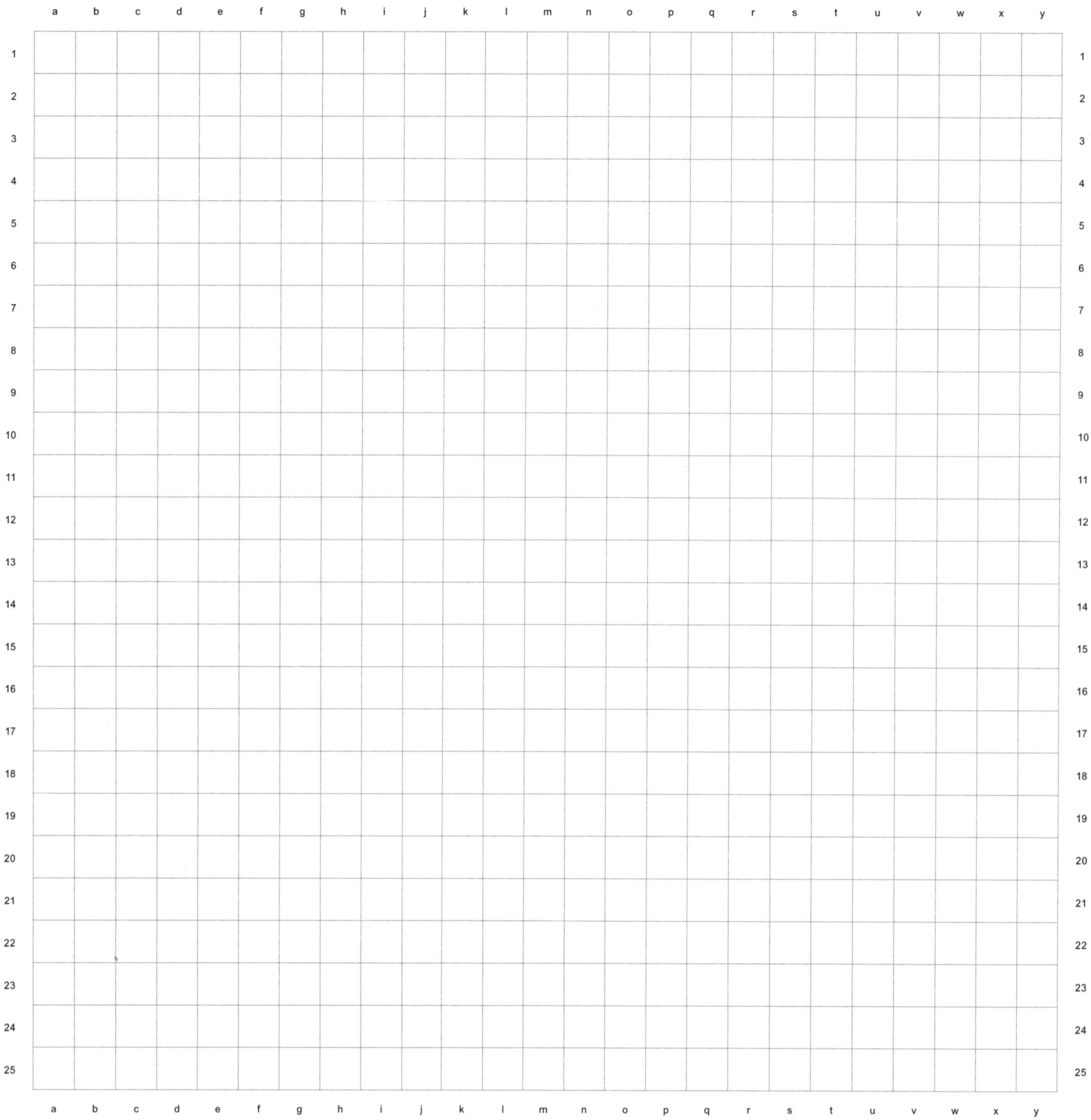

Motorbike

Yellow canary

p12 q12 r12
q11 r11 s11

Red bright

a11 l12 q14
a12 n12 r9
b9 n13 r10
c9 o11 r13
e10 o12 r14
f10 o13 s10
g11 o14 s12
h11 p10 s13
i11 p11 t10
i12 p13 t11
j12 p14 t12
k12 q10 u11
l11 q13

Red cherry

c10 m15 q9
d10 m16 s7
e11 n8 t8
f11 n9 t9
g12 n10 u10
h12 n11 u13
i13 n15 u14
j13 n16 v10
l9 o8 v12
l10 o9 v13
l16 o10 v14
m8 o16 w12
m9 p8 w13
m10 p9 x13
m11 p16

Red brown

l17 o17 r15
m17 p15 s14
n14 p17 t13
n17 q15 u12
o15 q16 v11

Turquoise light

r5 s6 t7
s5 t6 u7

Grey light

d14 g15 u18
d16 h16 v15
d17 i16 v18
e14 j16 w16
e18 k16 w17
f15 t16
f18 t17

Grey medium

c15 f16 i17
d15 g16 j17
e15 h17 k17

Grey shadow

b15 g13 v19
c14 g14 w14
c16 g18 w15
c17 g19 w18
c18 h14 w19
d13 h18 x14
d18 s15 x15
d19 s16 x16
e13 s17 x17
e19 s18 x18
f13 t18 y15
f14 t19
f19 u19

Black

b8 f20 r18
b11 g9 s8
b12 g17 s9
b16 g20 s19
b17 h9 t20
b18 h19 u17
c8 i10 u20
c11 i18 v16
c12 j10 v17
c19 k14 v20
d8 l13 w20
d11 l14 x19
d20 m12 y16
e8 m13 y17
e20 r8 y18
f8 r16
f9 r17

Black rich

d9 i14 k15
e9 i15 l15
e16 j11 m14
e17 j14 t14
f17 j15 t15
g10 k10 u15
h10 k11 u16
h15 k13

White

u8 u9 v9

	a	b	c	d	e	f	g	h	i	j	k	l	m	n	o	p	q	r	s	t	u	v	w	x	y	
1																										1
2																										2
3																										3
4																										4
5																										5
6																										6
7																										7
8																										8
9																										9
10																										10
11																										11
12																										12
13																										13
14																										14
15																										15
16																										16
17																										17
18																										18
19																										19
20																										20
21																										21
22																										22
23																										23
24																										24
25																										25
	a	b	c	d	e	f	g	h	i	j	k	l	m	n	o	p	q	r	s	t	u	v	w	x	y	

Hauler

Yellow sunflower

i4	o4
k4	q4

Red bright

b8	h5	q11
b9	h11	r5
b10	i5	r11
c8	i11	s6
c9	j5	s7
c10	j11	s8
c16	k5	s9
d8	k11	s10
d9	l4	s11
d10	l5	t16
d16	l11	u16
d17	m4	v8
e16	m5	v9
f16	n4	v10
g6	n5	v16
g7	n11	v17
g8	o5	w8
g9	o11	w9
g10	p5	w10
g11	p11	w16
g12	q5	

Red cherry

d7	f7	u7
d11	f12	u12
d18	s12	v7
e7	t7	v11
e12	t12	v18

Turquoise light

h9	l10	p6
h10	m9	p7
i8	m10	p8
i9	n8	p9
j7	n9	q6
j8	n10	q7
k6	o7	q8
k7	o8	r6
l6	o9	r7

Turquoise dark

h6	k9	n7
h7	l7	o6
h8	l8	q9
i6	l9	r8
i7	m6	r9
j6	m7	r10
j9	m8	
k8	n6	

Grey light

e1	e10	u3
e2	f9	u4
e3	f11	u5
e4	t9	u6
e5	t11	u8
e6	u1	u10
e8	u2	

Grey medium

c21	k14	o18
d21	k15	o19
g13	k16	o21
g14	k17	p12
g15	k18	p19
g16	k19	p21
g17	k21	q12
g18	l12	q19
g19	l19	q21
g21	l21	r12
h12	m12	r13
h13	m19	r19
h19	m21	s13
h21	n12	s14
i12	n19	s15
i19	n21	s16
i21	o12	s17
j12	o13	s18
j19	o14	s19
j21	o15	t21
k12	o16	v21
k13	o17	w21

Grey cloud

b19	g22	m22	t19
b21	h15	n13	t22
b22	h17	n15	u9
c19	h22	n17	u11
c22	i13	n22	u13
d12	i15	o22	u14
d13	i17	p13	u19
d14	i22	p15	u21
d19	j13	p17	u22
d22	j15	p22	v12
e9	j17	q13	v13
e11	j22	q15	v14
e13	k22	q17	v19
e14	l13	q22	v22
e19	l15	r15	w19
e21	l17	r17	w22
e22	l22	r21	x19
f10	m11	r22	x21
f19	m13	s21	x22
f21	m15	s22	
f22	m17	t10	

Grey shadow

c20	j18	p20
d20	j20	q14
e15	k20	q16
e20	l14	q18
f13	l16	q20
f14	l18	r14
f15	l20	r16
f20	m14	r18
g20	m16	r20
h14	m18	s20
h16	m20	t13
h18	n14	t14
h20	n16	t15
i14	n18	t20
i16	n20	u15
i18	o20	u20
i20	p14	v20
j14	p16	w20
j16	p18	

Black

c12	e25	v24
c13	10	v25
c14	j10	w12
c15	k10	w13
c24	o10	w14
c25	p10	w15
d15	q10	w24
d24	u24	w25
d25	u25	
e24	v15	

Black rich

c23	f24	t25
d23	f25	u23
e23	t23	v23
f23	t24	w23

White

b17	f17	w17
b18	f18	w18
c17	t17	x17
c18	t18	x18
e17	u17	
e18	u18	

Yacht

Yellow pale

e17	i14	l5
f14	i17	l7
f17	j7	l10
g11	j10	l11
g14	j11	l14
g17	j14	l17
h10	j17	m3
h11	k5	m5
h14	k7	m7
h17	k10	m10
i7	k11	m11
i10	k14	m14
i11	k17	m17

Yellow bright

f15	i15	l8
g12	j8	l12
g15	j12	l15
h12	j15	m8
h15	k8	m12
i8	k12	m15
i12	k15	

Yellow canary

e16	k16	r8
f13	l4	r18
f16	l6	s9
g13	l9	s10
g16	l13	s11
h9	l16	s18
h13	m4	t12
h16	m6	t13
i9	m9	t14
i13	m13	t18
i16	m16	u15
j6	n2	u16
j9	p18	u17
j13	q4	u18
j16	q5	v17
k6	q18	v18
k9	r6	
k13	r7	

Yellow marigold

q6	q16	r17
q7	q17	s12
q8	r9	s13
q9	r10	s14
q10	r11	s15
q11	r12	s16
q12	r13	s17
q13	r14	t15
q14	r15	t16
q15	r16	t17

Red cherry

i24	n24	t24
j24	o24	t25
k24	p24	u24
l1	p25	u25
l24	q24	v24
m1	r24	w24
m24	s24	
n1	s25	

Red brown

e24	h25	m25
f24	i25	n25
g24	j25	o25
g25	k25	q25
h24	l25	r25

Brown deep

h23	o21	r23
i23	p21	s23
m21	q21	

Turquoise light

p2	v19	x21
p3	w20	

Grey light

e18	m18	p23
f18	m20	q20
g18	m22	q22
h18	n18	q23
i18	n20	r21
j18	n21	r22
j22	n22	s21
k18	o1	s22
k21	o2	t22
k22	o20	u22
l18	o22	v22
l20	o23	w22
l21	p20	
l22	p22	

Grey medium

e23	o3	o15
f22	o4	o16
f23	o5	o17
g22	o6	o18
g23	o7	o19
h22	o8	t23
i22	o9	u23
j23	o10	v23
k23	o11	w23
l23	o12	x22
m23	o13	x23
n23	o14	

Rickshaw

Yellow marigold

e9 k20 p18
f9 k21 p19
f10 k22 p20
g9 l1 p21
g10 l4 p22
h5 l11 q4
h11 m1 q11
i4 m4 r4
i11 n1 r11
j4 n4 s5
j11 o1 s11
k2 o4 t9
k4 o11 t10
k11 p2 u9
k18 p4 u10
k19 p11 v9

Orange

g5 g11 t8
g6 t5 t11
g7 t6
g8 t7

Red bright

l2 n2
m2 o2

Blue

i12 j20 q14
i13 k14 q15
i14 k15 q16
i15 l15 q19
i16 l17 q20
i17 m15 r12
i18 m17 r13
i19 n15 r14
i20 n17 r15
j13 o15 r16
j14 o17 r17
j15 p14 r18
j16 p15 r19
j19 q13 r20

Blue sapphire

g15 h18 s20
g16 h19 t15
g17 h20 t16
g18 s15 t17
g19 s16 t18
h15 s17 t19
h16 s18
h17 s19

Blue midnight

g14 l14 p13
g20 l16 p16
h14 l19 q12
h21 l20 q17
i21 l21 q21
j12 o14 r21
j17 o16 s14
j21 o19 s21
k12 o20 t14
k13 o21 t20
k16 p12

Turquoise light

i7 m8 p6
i8 m9 p7
j6 m10 p10
j7 n7 q5
k5 n8 q6
k6 n9 q9
k10 o6 q10
l5 o7 r8
l9 o8 r9
l10 p5

Turquoise dark

i6 l6 o9
i9 l7 o10
i10 l8 p8
j5 m5 p9
j8 m6 q7
j9 m7 q8
j10 n5 r6
k7 n6 r7
k8 n10 r10
k9 o5

Grey light

g12 m13 o18
g13 m16 p17
h13 m18 s12
k17 n13 s13
l18 n16 t13
m12 n18

Grey medium

j18 m14 o13
l12 n11 q18
l13 n14
m11 o12

Grey shadow

d7 h10 s4
d8 i3 s6
d9 i5 s7
d10 j3 s8
e7 k3 s9
e8 l3 s10
f5 m3 t4
g4 n3 u5
h3 o3 v7
h4 p3 v8
h6 q3 w7
h7 r3 w8
h8 r5 w9
h9 s3 w10

Black

e10 m21 n24
g22 m22 o22
g23 m23 s23
g24 m24 s24
h23 n20 t22
h24 n21 t23
l22 n22 t24
m20 n23 v10

Black rich

g21 i25 r24
g25 m19 r25
h22 m25 s22
h25 n19 s25
i22 n25 t21
i23 r22 t25
i24 r23

White

h12 n12 t12

	a	b	c	d	e	f	g	h	i	j	k	l	m	n	o	p	q	r	s	t	u	v	w	x	y	
1																										1
2																										2
3																										3
4																										4
5																										5
6																										6
7																										7
8																										8
9																										9
10																										10
11																										11
12																										12
13																										13
14																										14
15																										15
16																										16
17																										17
18																										18
19																										19
20																										20
21																										21
22																										22
23																										23
24																										24
25																										25
	a	b	c	d	e	f	g	h	i	j	k	l	m	n	o	p	q	r	s	t	u	v	w	x	y	

Digger

Yellow pale

d8	o18	u16
d9	q17	v15
e7	r17	
n18	t16	

Yellow canary

b15	i3	p19
b16	i5	q18
c13	j3	q19
c14	j5	r18
d11	k3	r19
d12	k6	s17
d13	l5	s18
d14	l6	s19
e9	l7	t17
e10	m6	t18
e11	m7	t19
e12	m8	u17
f7	n7	u18
f8	n8	u19
f9	n9	v17
f10	n19	v19
g6	o8	w15
g7	o9	w17
g8	o10	w19
h3	o19	x15
h6	p9	x17
i2	p18	x19

Yellow marigold

a16	g9	n6
b14	g10	n10
b17	h7	n11
c16	h8	o7
d15	i6	p8
e13	j6	q9
e14	k7	v16
f11	l8	v18
f12	m9	

Yellow beige

p11	q12	r16
p12	q13	t12
p13	q14	t13
q11	q16	t14

Turquoise light

o13	o17	p17
o14	p14	t11
o16	p16	

Grey medium

b12	c11	m4
b13	k2	
c10	l3	

Grey cloud

e16	i17	r13
f16	i22	r14
f25	i23	u11
g17	j17	u12
g25	k16	u13
h17	r11	u14
h24	r12	

Grey shadow

f6	o6	r24
g5	o11	s22
h4	o12	s24
i4	o15	t22
j4	o20	t24
k4	o22	u22
l4	o24	u24
l22	p6	v22
l23	p10	v23
l24	p15	v24
m5	p20	w16
m22	p22	w18
m24	p24	w22
n5	q7	w24
n13	q15	x16
n14	q20	x18
n15	q22	x22
n16	q24	x23
n17	r8	x24
n22	r9	
n24	r22	

Black

c17	h25	s15
d17	i18	s16
d18	i24	t10
e17	i25	t15
e18	j23	t20
e20	q10	u10
f17	r10	u15
f18	r15	v11
f19	s10	v12
g18	s11	v13
g19	s12	v14
h18	s13	
h19	s14	

Black rich

a15	m25	s23
a17	n21	s25
c15	n23	t21
c18	n25	t23
d16	o21	t25
d19	o23	u20
e19	o25	u21
f20	p21	u23
g20	p23	u25
h5	p25	v21
j2	q21	v25
k5	q23	w21
k22	q25	w23
k23	r20	w25
k24	r21	x21
l21	r23	x25
l25	r25	y22
m21	s20	y23
m23	s21	y25

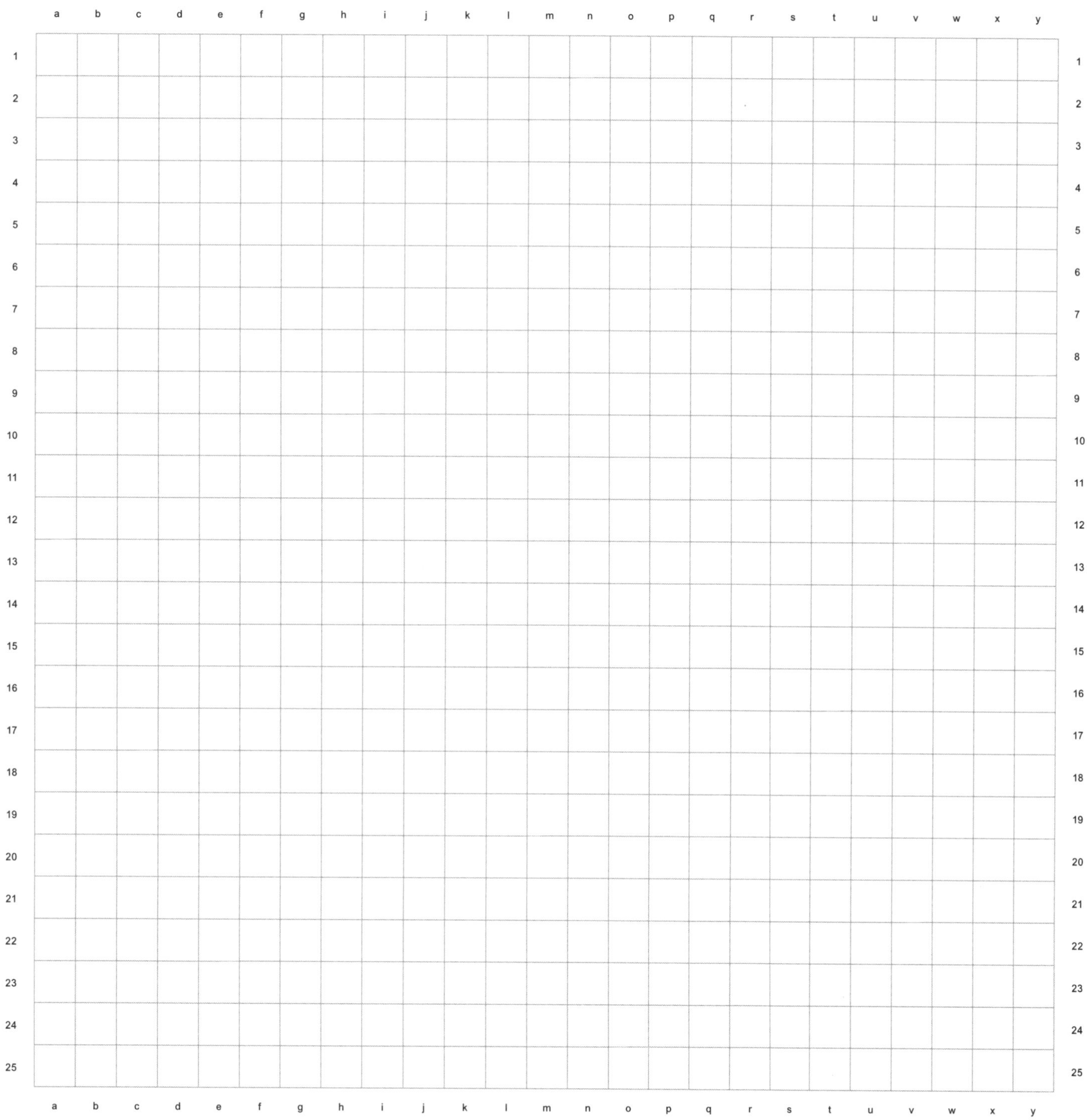

Formula 1 car

Red coral

h7	l12	n16
h8	l15	o11
h11	l16	p13
i11	m11	p14
j13	m12	p15
j14	n11	q11
j15	n12	r7
k11	n14	r8
l11	n15	r11

Red bright

d18	l5	o8
e17	l6	o9
g11	l8	o13
i15	l17	o14
i16	m4	p11
j11	m5	p12
j12	m8	p16
j16	m17	q15
k8	n5	q16
k9	n6	s11
k13	n8	u17
k14	n17	v18

Red cherry

d17	k16	o17
e16	k17	p10
f11	l7	r15
f12	l10	r16
f13	l13	s14
f14	l18	s15
f15	m10	s16
g14	m18	t11
g15	n7	t12
g16	n10	t13
h15	n13	t14
h16	n18	t15
j10	o5	u16
k5	o12	v17
k12	o15	
k15	o16	

Grey light

e18	j8	r19
f16	j18	s19
f17	k7	t16
f18	o7	t17
g19	p8	t18
h19	p18	u18
i8	q8	
i17	q17	

Grey medium

j17	o18
k18	p17

Grey shadow

b11	d11	w11
b12	d12	w12
b13	d13	w13
c11	v11	x11
c12	v12	x12
c13	v13	x13

Black

a11	f10	u11
a12	g10	u12
b14	g12	v14
b15	g13	v15
b16	h13	v16
b17	h14	w14
b18	k10	w15
c14	l9	w16
c15	m9	w17
c16	n9	w18
c17	o10	x14
c18	r13	x15
d14	r14	x16
d15	s10	x17
d16	s12	x18
e11	s13	y11
e12	t10	y12

Black rich

a13	h12	u10
a14	i12	u13
a15	i13	u14
a16	i14	u15
a17	m6	y13
a18	m7	y14
e10	q12	y15
e13	q13	y16
e14	q14	y17
e15	r10	y18
h10	r12	

White

g17	l14	p19
g18	l19	q7
h17	m13	q18
h18	m14	q19
i7	m15	r17
i18	m16	r18
i19	m19	s17
j7	n19	s18
j19	o19	
k19	p7	

Use the spare stickers to create your own pixel designs and pictures in this grid

Use the spare stickers to create your own pixel designs and pictures in this grid

e the spare stickers to create your own pixel designs and pictures in this grid

Use the spare stickers to create your own pixel designs and pictures in this grid

Use the spare stickers to create your own pixel designs and pictures in this grid

e the spare stickers to create your own pixel designs and pictures in this grid

Use the spare stickers to create your own pixel designs and pictures in this grid